政治活動入門

外山恒一

百万年書房

政治活動入門

外山恒一

百万年書房

＊煩雑になるのでいちいち引用・言及しませんが、本書は、私が大いに影響を受けている全共闘世代の3人の論客、つまり絓秀実・笠井潔・千坂恭二の3氏の諸著はもちろん、大澤真幸『文明の内なる衝突』、佐藤卓己『八月十五日の神話』、藤沢道郎『ファシズムの誕生』、福田和也『奇妙な廃墟』などで提起された議論を踏まえています。

目次

第1章

政治活動入門

政治活動とは何か

政治活動とは何でしょうか。

多くの人は、政治活動と聞いてまず選挙などを思い浮かべるでしょうが、もちろん**政治活動と選挙運動とはイコールではありません。**

選挙に関係すること（有権者の一人として投票することや、特定の政党や候補者への支援活動をすること、あるいは自ら立候補することなど）も政治活動の一種ではありますが、実は政治活動の中でもかなり特殊なジャンル（?）にすぎません。

あるいは、政治活動とは、何かの主張や要求を掲げて署名を集めたり、集会を開いたり、街頭演説や、ビラまきや、デモなどをおこなうことだとイメージする人もいるでしょう。

しかしこの答えも、選挙運動しか思い浮かべられない人よりはいくらかマシですが、まだまだ正解とは云えません。

基本的なことから考えてみましょう。

ほとんどすべての人は、生きていく上で、何らかの不満や苛立ち、怒りや焦りや、周囲への違和感といった、いわば**〝生きがたさ〟**のようなものを抱えてしまうものです。

Aさんが〝生きがたい〟理由は、突き詰めていけば結局二つしかありません。Aさん個人の資質や性格に問題があるか、社会や時代の状況に問題があるか、のいずれかです。

前者である場合には、これはもうAさん自身が個人的に努力して何とかするしかありません。

しかし、後者である場合には、Aさん一人の努力ではどうにもなりません。

もちろん、たいていの場合、Aさんが〝生きがたい〟のは、100パーセントAさん自身に問題があるとか、逆に100パーセント時代や社会に問題があるということはありません。両者の混合の比率は人それぞれでしょうが、たいていは両方の要素を含んでいるものです。

たいていの人は、何らかの〝生きがたさ〟を抱えており、それを何とかしたいと日々試行錯誤をしているものです。しかし、繰り返しになりますが、その〝生きがたさ〟をもたらしている原因のうち、その人自身に問題がある部分については、個人的な努力で何とかなりますし、またそれ以外に何とかする方法はありませんが、そうでない部分、時代や社会の状況がおかしいために抱えてしまっている〝生きがたさ〟は、個人の努力では絶対に解決できないのです。

しかしすべての個人は、この同じ時代や社会の中に生きているわけですから、ある個人が抱えている〝生きがたさ〟のうち、時代や社会の状況に原因がある部分については、**他の個人と問題意識を共有し、協力して解決の努力をすることが可能です。**

この努力が、要するに「政治活動」なのです。

複数の個人に〝生きがたさ〟をもたらしている時代的要因や社会的要因を取り除くということは、**結局は時代状況や社会状況を改変するということです。**

「政治活動」とは、状況を自らの〝生きがたさ〟を多少なりとも減らす方向で改変するために有効であるか、有効であるかもしれないと思われることを、実行に移すことです。ビラまきでも集会でもデモでも、あるいは選挙運動への関与でも、有効だと思えばやればいいし、有効でないと思えば別の方法を考えればいいのであって、そうした努力の総体が、「政治活動」です。

　また、それに先立って、自らの抱える〝問題〟のうち、どこからどこまでが自分に原因があり、どこからどこまでが時代や社会に原因があるのかを、深くかつ冷静に分析してみることや、あるいは時代や社会に原因があるとして、漠然と「社会が悪い」というのではなく、具体的に**「社会のここが悪い」**と言葉で説明できるようにすること（問題意識を他人と共有するためには、どうしても言葉が必要です）なども、広い意味では「政治活動」のうちですし、もちろん、そうした努力自体を、自分一人ではなく誰かと共同でおこなうことも可能です。

〝勉強〟は必要である

　政治活動をおこなうためには、勉強をしなければいけません。

　なぜなら、はっきり云ってその方が〝効率がいい〟からです。

　政治活動とはつまるところ、自分の不満や苛立ち、周囲への違和感を形にすることです。「形にする」のかなりの部分は「言葉にする」ということですが、自分の中に漠然とした形で存在するさまざまの気分や感情を、まったくオリジナルに分析できる人などまずいません。

「自分なりに考えてみる」のは大事なことですが、ほとんどの場合、その結果として出てくる言葉や表現は、実はとっくの昔に別の誰かが云ったりやったりしていることにすぎません。しかもやはりほとんどの場合、その〝別の誰か〟の方が、自分よりもよっぽどうまい云い回しやスタイルでそれを表現できているのです。こうなると「自分なりに考えてみる」ことは、実は**時間の無駄**だったりします。

むしろ、すでに他の人がそれなりの時間と能力を使って考えた結果であるさまざまの文章を、できるだけ多く読むことです。思想や哲学にしても、社会分析や時代分析にしても、何百年という積み重ねがあるわけですから、**たいていのことはすでに誰かがこれ以上ないほどのうまい云い回しでとっくの昔に書いています。**〝かつて誰も思いつかなかった画期的な視点〟などというものは、まずめったにありません。

しかも、ある人が、自分が漠然と感じていたことをうまく言葉にしていたとしても、さらにたいていの場合、また別の誰かが、それに対するうまい批判をすでに書いていたりして、そこには、もともと自分には欠けていた視点が含まれているものです。

最初から「自分なりに考えてみる」よりも、まずは自分に近い立場でものを書いていそうな他の誰かの文章を読み、それに対して別の誰かが書いた批判の文章を読み、またさらにそれに対する反論の文章を読み……という勉強をする方が、ずっと良いのです。その過程で、**自分の中に、互いに矛盾する、しかもどちらもそれなりに筋が通っていると思える複数の立場が同居するような状態**になるでしょう。実は、そうなった時に初めて、本当に「自分なりに考えてみる」ことが可能になるのです。

もちろん、もっと単純な意味での勉強も必要です。

これまでに起きたさまざまの事件や運動について、その内容やそれに関連する地名や人名などの固有名詞を覚えていくような勉強です。

というのもまず、たいていの文章は、ある程度のそうした予備知識を、読む側が持っていることを前提として書かれているからです。そして、その種の文章を初めて読む人が、〝難しい〟と感じる理由は、たいていの場合、単に予備知識が不足しているからであって、それさえあれば、文章自体は易しかったりするものだからです。せっかく面白い視点が提示されている文章なのに、予備知識がないためにそれを充分に読みこなせないのは、やはりもったいないことです。

また、**政治活動というのは、自分以外の人と共同でおこなうものです。**どんな人でも、特定の環境の中に生きていますから、あえて意識して勉強でもしないかぎりは、その人の知識は、その人が身を置いてきた特定の環境条件に制約されてしまいます。しかし、他人は必ずしも自分と同じ環境で生きてきたわけではありません。

しかも政治活動においては、自分とは世代の異なる他人とも、問題意識の共有や、逆に対立をしなければならない局面が多々あります。個人を制約する環境条件の最大のもののひとつが「世代」ですが、ある世代にとって常識の部類であることが、違う世代にとってはまったくそうではないことは、よくあることです。また、違う世代の人が、しかもかなりの過去に書いた文章を読む必要に迫られることも多くありますが、そんな場合でも、書いている側は、わざわざ説明するまでもない常識のつもりであることが、現在それを読む、まったく別の世代の人にとってはそうではなかったりします。

ある批評家が、**異なる世代を結びつける役割を果たすものが「教養」である**、と書いていますが、これは、単に今の若い人が、前の世代のことについて知らなすぎるという話ではありません。今の年配の人たちも、実は今の若い世代のことについて知らなすぎるのです。**時代とか社会といった大きな対象をいくらかでも総体的に把握し、しかも改変することを目指すのが政治活動です。**この世の中は、年配の人たちだけで成り立っているのでも、若い人たちだけで成り立っているのでもありません。本当に有効な政治活動を展開するためには、上であれ下であれ、自分とは異なる世代にとって常識であるようなことは、最低限、知っておく努力をしましょう。

教養とは何かということは、ちょっと考えてみれば分かると思いますが、結局は固有名詞をたくさん知っているということです。**固有名詞を、たくさん覚えてください。**

もちろん、勉強にはそれなりの時間を要します。知識は、政治活動を有効に展開するための、単なる基礎体力のようなものですから、そればかりやっていては、本来やらなければならない政治活動の実践ができません。はっきり云って、勉強はいくらやってもキリがありません。充分な予備知識を身につけるまで、実践は控えようなどという殊勝な態度でいると、結局いつまでたっても勉強しかできません。

政治活動をおこなうのなら、実践がメインであることを忘れてはいけません。勉強は、実践の合間に、ヒマを見つけてコツコツやればいいのです。

芸術について

ここまで書いてきたことから分かるように、**政治活動というのも、要するに〝表現活動〟の側面を強く持っています。**

では、それは他の表現活動、つまりバンドをやったり芝居をやったり小説や詩を書いたりするのと、何が違うのでしょうか。

何も違わない、とも云えます。

政治活動においては、「世の中のここがおかしい」といったような内容を何らかの形で表現する局面が多いわけですが、その〝何らかの形〟というのは本人が有効だと思えば何でもいいわけで、街頭で演説したり、主張をビラに書きつけて配布するという直接的な方法を用いてもいいし、もっと広く一般に流通させるために例えば言葉にメロディをつけて歌にして、さらにはそれをレコーディングしてバラまくなり売るなりしてもいいわけです。ナマな主張にメロディをつけるだけでは聴けたものじゃないなと思えば、云い回しを工夫して、遠回しに云ったり、比喩的に云ったり、抽象的に云ったりしてもいいわけですが、そうなるとますますその活動はごく普通の音楽活動に、見た目の上では近づきます。要するに、**本人はあくまで政治活動としてやっているつもりでも、ハタから見ると単なるちょっと社会派なミュージシャンじゃないか、**ということもあり得るわけです。

あるいはビラの文面にしても、いくらでも比喩的な表現や抽象的な表現は可能ですから、ここでもやはり政治的文書と詩や小説の境界はどんどん曖昧になっていきます。ビラを「フリーペーパー」と称したり、機関紙類を「同人誌」と称したりすることも可能なのですから、たとえそれで収入を得ているのではなくても、多くのアマチュア詩人や小説家志願者と、外見上は見分けがつかなくなります。展開によっては、本人はあくまで政治的文書のつもりであっても、熱心な「読者」を獲得して、それが収益に結び付くことも別に珍しいことではありません。そうなるとますます、ハタから見るとやはり単なる社会派な作家やフリーライターです。

同様に、まるで演劇や映画の人であるかに思われるようなこともあり得ます。

また、いわゆる前衛芸術には、何か物理的な〝作品〟を制作しない、いわば行動そのものが作品であるパフォーマンスのような表現形式もありますし、また具体的に、これは逆方向ですが、「それは政治活動ではないか」と云いたくなるようなパフォーマンス芸術の〝作品〟もたくさん存在します。

こんなふうに考えていくと、結局それが政治活動なのか芸術活動なのかは、やっている本人の〝つもり〟の問題でしかないということになりそうです。

しかしそれでも、**政治活動と芸術活動とは全然違う、**とも云えます。

例えば仮にその「演説」が、見かけ上どれほど「歌」や「演劇」に似てこようとも、政治活動においてはそれはあくまでも「手段」にすぎません。政治活動には、社会なり時代なりの状況を具体的に改変するという、別の「目的」があります。

これに対して、芸術活動においては、個々の音楽作品や演劇作品そのものが「目的」です。仮にかつてのジョン・レノンのように、音楽で世界を変えるのだ的な志《こころざし》があったとしても、それが音楽作品である場合には、とりあえずは個々の作品の出来不出来だけが問題です。その作品が世界を変えることに貢献してもしなくても、いいものはいい、ダメなものはダメです。

ところが政治活動では、状況を改変するという本来の「目的」に貢献するかどうかが最大の問題です。その「演説」が音楽作品や演劇作品としていかに優れていようが、状況の改変に貢献できなければ政治活動としては失敗ですし、逆に音楽作品や演劇作品としてはクズのようなものでも、貢献できれば成功です。

要するに政治活動も芸術活動も、同じ〝表現活動〟であるとも云えますが、その表現行為が「手段」としておこなわれるのか「目的」としておこなわれるのかが違うのです。芸術では表現行為そのものが「目的」ですが、これは云い方を変えれば、芸術は目的を持たない、ということでもあります。政治活動には目的があります。

歴史を勉強すればよく分かることですが、多くの場合、政治と芸術、そしてさらに学問の運動は、互いに密接に結びつきながら、総体として一つの大きな運動を形成するものです。これらがバラバラに切り離されているのは日本だけで、しかも日本においても、それはたかだかここ30年ほどの非常に特殊な状況であるにすぎません（そんな特殊な状況になってしまった経緯は、歴史を勉強すれば分かります）。

現在、日本において、政治運動にも芸術運動にも学問の運動にも、見るべきものがほとんどないのは、端的に云って、これらが互いに無関係なままバラバラに存在し、緊張をはらんだ影響関係がないからです。もっとはっきり云えば、政治運動が存在しないに等しい状況だからです。

1980年以前に成人した世代に属する、アカデミズムやアート・シーンの知り合いに尋ねてみれば分かることですが、彼らが学問や芸術の世界で試行錯誤を開始した若い頃には、必ずその身近に、同世代の熱心な政治活動家がいたはずです。そして多くの場合、その**政治活動家の友人知人に対して、学者や芸術家の卵であった彼らは、当時いくばくかのコンプレックスを抱いていたはずです。**

というのも、人が学問や芸術の道を追求する動機も、たいていはその時代や社会に対する疑念や違和感であるからです（あるいは、単にモテたいからとか名誉欲とかが初発の動機である場合もありますが、それだけでは情熱はなかなか持続しないものです）。政治活動は、それらの疑念や違和感を直截《ちょくせつ》に解決しようとするものです。だから、学問や芸術などという、しちめんどくさい、回りくどい方法ではなく、政治活動をやる方がいいに決まっているのです。にもかかわらず、彼らは「あえて」、政治活動ではなく、芸術や学問という別の道を選択したわけです。

政治活動は、できるだけ多くの諸個人をそれに参加させることを、必然的に追求します。当然、学問や芸術などという、目的のない云わば自己満足的な活動にうつつをぬかしている友人・知人に対して、政治活動家は、そんなものはほどほどにして君も我々の政治活動に参加しろ、と機会をとらえてはせっつくことになります。政治活動家の云っていることの方が正しいことを、学者の卵や芸術家の卵たちもよく分かっています。しかしそれでも彼らは、まあたまには説得に応じて政治活動の現場に顔を出すこともあったでしょうが、基本的には自分の足場を学問や芸術の世界に置くことを「あえて」選択したのです。状況への疑念や違和感という本来のモチーフからすれば、政治活動にどっぷり浸かるのが最良の選択であることを充分に分かっていながら、「あえて」そうしなかったのですから、彼らは自分がなぜそのようなヘンテコな選択をするのか、**徹底的に自問自答**しなければならなかったはずです。

現在の学問や芸術が概してつまらないのは、この自問自答を欠いているからです。学問や芸術というのは本来、政治活動をやらずに「あえて」選択する道なのです。現在、学問や芸術の道に進もうという人たちにはこの「あえて」性が欠片《かけら》もありません。**「あえて」性のない学問や芸術に、存在意味はありません。**

むしろ学問や芸術の道に心ひかれている人は、今は「あえて」政治活動を始めるべきでしょう。魅力的な政治活動家となって、学問や芸術などという自己満足にうつつを抜かしている同世代を脅かすようにならなくてはいけません。そして結局は、そのことが彼らの学問や芸術を本当に力あるものとして再生させることにもつながるのです。少なくとも自分自身に関しては、このまま緊張感のない学問や芸術の道へ進むことを、ぐっとこらえようではありませんか。**学問や芸術への転身は、政治活動に〝挫折〟してからでも遅くはありません。**

右翼や左翼について

右翼とか左翼とかの言葉に対して、アレルギーを示す人はたくさんいます。中には、状況を改変するための具体的な活動（つまり政治活動）に参加しながら、「**自分は右翼でも左翼でもない**」と云う人すら珍しくありません。いや、むしろ自分は右翼だ左翼だという自覚を持っている人の方が珍しいくらいです。

しかし、これは非常に嘆かわしいことです。

というのも、これは「なぜ勉強が必要か」を説明したくだりとも似てくる話ですが、**〃社会に物申す〃的な活動をしながら、右翼でも左翼でもないという立場にあることは、実は非常に難しいのです。**ほとんどの場合は、単に自覚がないだけで、云ってる内容ややってる内容は、実質的にはまったく右翼か左翼かのどちらかでしかありません。

よっぽど特殊であるか天才的であるかしないかぎり、たいてい、現在の状況のどこがどう間違っている（改変すべきである）のだろうかと考えていった時に、出てくる結論は右翼的なものか左翼的なものかのどちらかしかありません。主張や行動がまるっきり右翼なのに、自分は右翼ではないとか、あるいは逆にまるっきり左翼なのに、自分は左翼ではないとか云うのは、単に自らの無知・不勉強をさらけ出しているばかりで、ちゃんちゃらおかしいし、恥ずかしいことこの上ありません。

右翼でも左翼でもない立場というのは、「現状肯定」以外にまずないと考えておいた方がよいでしょう。政治活動というのは、現状の改変を目指すのですから、結局は右翼か左翼かの選択をする以外に道はほとんどないのです。もちろんその選択は、自分の〝生きがたさ〟の原因を、どちらがよくうまく説明し得るように感じられるかによって各自おこなえばよいのです。

ただし、現実に同時代に存在している右翼運動や左翼運動のほとんどすべてが腐敗しており、魅力がないというのは残念ながら事実です。しかしだからと云って、よほどの人でないかぎりは、右翼でも左翼でもない現状打破の思想というのは見いだせないはずです。もちろん歴史的に見れば、魅力的な右翼運動や左翼運動は過去に無数に存在しますから、同時代にそうしたものがないのであれば、歴史上の右翼や左翼を参考に、魅力的な右翼運動や左翼運動を自分たちで形成していくしかありません。

少なくとも、まだ大した研究や実践の経験も積まないうちから、右翼でも左翼でもない斬新なオリジナルのビジョンを提示できると考えるのは、とんでもない思い上がりです。まずは自分の目指す方向が、右翼的なものなのか左翼的なものなのかを、よく自覚すべきです。**もちろん右翼になることはイコール既成の右翼運動に参加することではないし、左翼になることはイコール既成の左翼運動に参加することでもありません。**いま述べたように、現在それらにはロクなものがありません。右翼を選択するにせよ左翼を選択するにせよ、実際の運動は、そうしたものとは距離をおいて、**独自**

に開始するしかないのです。

政治活動の動機

右翼の一部にも左翼の一部にも熱烈なファンを持つ、日本の政治運動史上最大のヒーローと云ってもよい、**大杉栄**《おおすぎさかえ》という大正時代のアナキスト（無政府主義者）がいますが、この人の言葉に、「思想に自由あれ、行動に自由あれ、そしてまた動機にも自由あれ」というのがあります。

しかし結局のところ、人が政治活動にたずさわる動機には、突き詰めると二つしかありません。

正義感か、**被害者意識**かです。

被害者意識などというと聞こえは悪いかもしれませんが、これらは次のようにも云い換えることができます。つまり、他人事としてか、当事者としてか。

この世の中に、不当なことがたくさん存在すること自体は、否定できないでしょう。

政治活動とは、結局はそうした不当なことをやめさせることですから、政治活動にたずさわる動機としては、自分がその不当な目に遭っているまさに当事者であるという被害者意識か、いや自分が直接そういう目に遭っているわけではないが、そういう目に遭っている人がいるという事実を黙って見過ごすことはできないという正義感か、どちらかということになるわけです。

これまでの文脈から、ここでは、正義感から発する政治活動ではなく、被害者意識から発する政治活動の方が、本来望ましいのだと云わんとしていることはすぐに分かるでしょう。

冒頭に、諸個人が抱えている〝生きがたさ〟の原因のうち、時代や社会の状況に由来すると考えられる部分について、複数の個人が協力して解決を目指すのがすなわち政治運動だと説明したのですから、要するに諸個人はほとんどの場合、誰しも状況のせいで〝不当な目〟に遭っている当事者であり、それを自覚するのが政治活動の出発点なのだということを云いたいわけです。当事者意識がなく、単に正義感で政治活動にたずさわる人は、要するに自分や社会についての考察がまだまだ不足しているのです。

しかしこれまた現実には、当事者意識つまり被害者意識からではなく、正義感から発する政治活動がたくさん存在します。むしろ、そっちの方が圧倒的に多いと云った方がいいかもしれません。現実がそうであるからこそ、政治活動というものが、なにか一部の、特殊に〝熱い人〟たちの趣味みたいなもので、多くの人にとっては関係のない話であるかのようなイメージが拡がってしまってもいるのです。

本当は、よくよく考えてみるならば、その人の資質や性格が熱かろうがどうだろうが、そんなこととは無関係に、**ほとんどの人は程度の差はあれ状況によって〝不当な目〟に遭わされているのです。**

政治活動に、正義感のようなものは一切必要ありません。そんなものは、魅力的な政治活動を形成するに際してはむしろ有害です。

政治活動にたずさわるに際して最初に必要なものは、被害者意識だけです。もちろん事後的には、先に述べたとおり勉強が必要ですが、それは実は、自らの被害者意識を研ぎ澄まし、〝洗練〟させるために必要なのです。洗練されていない被害者意識は俗に「被害者ヅラ」と呼ばれる、見苦しいものです。

政治活動の〃入り口〃にたどり着いた、なかなか見どころのあるみなさんに、最初に云っておきたいことは大体以上です。

不明な点、よく分からない点などあれば、いつでもお答えしますし、次章以降、さらにさまざまなことを解説していくつもりでもありますが、むしろみなさんが政治活動の実践をすすめる過程で、ご自身であれこれ考えてみるのが一番だとは思います。

第2章

学生運動入門

学生運動の重要性

どうすれば社会を変えられるのでしょうか？

いろんなことを云う人がいるでしょうが、答えはハッキリしています。

まずは学生運動が復活しないことには何も始まらないのです。

学生運動の復活、ということを抜きに社会変革の構想を語る人がいたとすれば、その人は何も分かっていないので、マジメに取り合う必要もありません。

「学生運動」という言葉は、多少は広い意味に捉《とら》えていただいて結構です。

その主体は、若くて、ヒマがあって、かつ一定以上の知性を持つ人たちです。〝**若い知的なヒマ人たち**〟、こういう層が社会変革の情熱に燃えて盛んに行動した時にのみ、社会は本当に変わります。

若くてヒマで知的であれば、べつに学生でなくてもいいわけですが、現実問題、それは層としては学生以外に存在しにくいことは云うまでもありません。歴史的には、たとえば日本で云えば幕末の志士たちもそういう若くて知的でヒマな存在でしたが、現代においてはやはり学生ということになるでしょう。最近の学生は忙しいとも聞きますが、それでも定職について働いている大多数の人々と比べれば、相対的にはヒマな階層と云っていいはずです。

諸外国でも同様です。近代以前には貴族のうちの若い不満分子たち［★1］が、近代に入ってからは学生たちが、社会変革の主役、少なくとも先駆けになってきたことは万国共通です。

1960年代末（象徴的には1968年）に、世界中の学生たちが反乱を起こしました。

先進資本主義国（西側）でも共産圏（東側）でも発展途上国（南側）でも、それは爆発的に盛り上がりました。それらは一過性のもので結局は何も変わらなかったと、大多数のモノの分かってない人たちは云いますが、ダマされてはいけません。

1968年の学生運動は、世界を変えました。もちろん日本でもそうです。

それは、いわゆる〝試合に負けて勝負に勝った〟ような勝ち方だったので、試合結果しか目に入らない単純な人たちが「負けた負けた」と云っているだけです。

［★1］諸外国の「貴族」は日本で云えば武士階級にあたりますから、やはり日本の幕末の志士や明治初頭の「不平士族」と一緒です。

60年代末の学生運動が実は勝利していた、というのはどういう意味なのか？　それは本書後半で詳しくお話しすることになりますので、ここではとりあえず措いておきます。

とにかく、学生運動という〝若くて知的なヒマ人たち〟の運動がまず復活しないことには、社会変革はその端緒すら拓かれません。

これを抜きに夢みたいなことを云う人たちは、学生運動なんか復活するわけがないと思い込んでいて、それなら社会変革など不可能なのに、そこをなんとか学生運動が復活する以外の道筋で社会変革の構想を描けないものかと、そもそも無理なことを無理矢理に追求しているだけです。そうでないケースはありません。みんな、もっともらしいことを云っていますが、**前提が間違っている以上、展開も結論も必ず間違っています。**

学生運動の復活なしに社会変革など始まらないという単純明快な真実を堂々と主張する人が私（と文芸批評家の絓秀実《すがひでみ》氏）以外にほとんどいないことには、もちろん理由があります。

第一に、学生運動がほぼ壊滅している日本の現状があります。こんな事態は、北朝鮮などの特殊すぎる例外を除いて、諸外国では見られないものだし、近代日本においても初めてのことです。暗黒時代のように云われている戦前、つまり昭和10年代の日本においてさえ、若い知的な軍人たちによる革命運動が、それなりの規模で存在していました。しかし現在の日本にはそんなものはありません。そんな状況を見て、**ほとんどの人が「日本に学生運動が復活することはもうない」と諦めきっているのです。**

第二に、その極めて珍しい〝学生運動のほぼ壊滅〟という事態が日本に生まれた時期に関する誤解が、現代史の研究者たちまで含めて広く共有されてしまっています。日本の学生運動がほぼ消滅したのは実は90年代前半なのですが、ほとんどの人が、それが70年代のうちに消滅したと誤解しているのです（「1972年の連合赤軍事件を境に、学生運動は急速に衰退し……」という決まり文句を読んだり聞いたりした人も多いでしょう）。日本に学生運動がほとんど存在しないのは本当はここ四半世紀ほどのことにすぎないと私は知っていますが、私以外のほとんどの人は、それはもう40年も50年もずっとそうなのだと思い込んでいるのです。

さらに云えば、学生運動がほぼ壊滅した90年代以降も、必ずしも学生とは限らない

〝若い知的なヒマ人たち〟が社会変革を目指す運動は、実はそれなりの規模で、現在に至るまで途切れることなく継続されています［★2］。

そのことを知らない、要するに私以外のほとんどの人は、たとえば3・11の直後、首都圏の反原発運動の中心の一つとなった「素人の乱」を初めて知って、「どこからこんなスゴイ若者たちが出てきたのだ」と驚いていましたが、私は本当の歴史を知っているので少しも驚きませんでした。もちろん、その「素人の乱」が火をつけた（3・11以降の）反原発運動の周辺から登場した「首都圏反原発連合」や、さらにそこから派生した反差別の「レイシストをしばき隊」などに（リーダー格の面々は〝若者〟ではありませんでしたが）若者たちも多く参加して注目を集めたのは、まだほんの数年前のことです。

まとめると、**私は、狭義の〝学生運動〟が90年代前半までずっと続いていたことを知っているし、〝広義の学生運動〟つまり必ずしも学生ではないが〝若い知的なヒマ人たち〟による社会変革の運動が、その後もずっと続いていることを知っているので、学生運動が本格的に復活することを当然ありうることと想定できます。**しかし、私以外のほとんどの人たちは、学生運動はもうここ40～50年ほどなかったと思い込んでい

［★2］おおよそのことは2018年に刊行した『全共闘以後』という本にまとめました。

るので、ないことを前提にものを考える癖がついてしまっていて、結果的に歴史認識も現状分析も将来の見通しもすべて誤るのです。

例外的に、2010年代半ばに（やはり「首都圏反原発連合」から派生する形で）登場し、「安保法制反対」を掲げて国会を取り巻いた学生団体「SEALDs《シールズ》」のことは、マスコミでも大きく取り上げられたので多少知られているかもしれません。しかし、あれはああいう若者たちの登場を待望していた一部のマスコミが、針小棒大に報じたことによるマッチポンプ的現象にすぎず、私はそんなものを〝学生運動〟とか〝若者の運動〟と云っているわけではありません。SEALDsは〝若者の運動〟ではなく、むしろ旧世代の大人たち、つまり新聞記者たちの運動だと見なすべきでしょう。

問題意識の共有

さて、学生運動と云ってもピンとこない、という人がおそらく若い世代の大多数を占めていることと思います。狭義の学生運動は存在せず、広義の学生運動は〝学生運動〟と認識されない形で存在してきたこの20年ほどの間に、自己形成したどころか生まれてきた世代なのですから仕方がありません。

しかし、そんなに難しく考える必要はないのです。学生運動とは、同語反復のようになりますが、「学生がやる（政治的・思想的な）運動」という意味でしかありません。

もちろん身の回りの状況に対する不平不満が前提になります。

その不平不満は、いわゆる天下国家的な、原発がどうの支那朝鮮の脅威がどうのグローバル資本主義がどうの、ということでもいいし、逆に半径数メートル的な、就職不安だとかモテないだとか大学生活が面白くないだとか、あるいは抽象的で実存的な悩みでもいいのです。

とにかく自分を取り囲む状況に不平不満や焦りや不安があることが前提ですが、大事なのはその先で、それら諸々のテーマに**運動的に取り組む**のが学生運動です。

運動的に、というのは、第1章で説明したとおり、個人的な問題として抱えるのではなく、その問題意識を他人と共有し、協力して解決していく、少なくともそうすることを目指す、ということです。

他人と問題意識を共有するためには、当初は誰でも漠然と抱えている不平不満や焦りや不安を、言葉にしなくてはなりません。それも感情的・感覚的な言葉ではなく、〝理屈〟として提示しなくてはなりません。

感情的・感覚的な言葉はセンスの合う人としか共有できませんが、理論的な言葉はセンスの違いを超えて流通するからです。運動というのは、できるかぎり大勢の人間（大多数あるいは過半数、という意味ではありません）を巻き込んでいかなくては盛り上がらないので、問題意識を理論化することは絶対に必要なのです。

運動の担い手が、単に若くてヒマなだけではなく、プラス知的でなければならないのも、運動には理屈が必要だからです。

といっても、これまたそう難しいことではありません。とくに大学生にとっては。なぜなら、小中高の延長で、大学で教えられることをただ漫然と、丸暗記的に〝勉強〟しているだけでは気づかないことですが、**人文系の諸学問は、実はかなりの部分が社会変革のための理論です**（時には革命理論でさえあります）。学生は、大学に通って授業に出るだけで、それら社会変革の理論の片鱗《へんりん》に触れることができるのですから、それらを流用すれば、普通の学生が思い抱く程度のありふれた問題意識は簡単に〝革命理論〟化することが可能です。

実は、90年代以降の〝学生ではない若者たち〟による社会変革運動の歴史を熟知している私が、それでもやはり〝学生運動〟が必要だと考える理由もこのあたりにあります。

学問に身近に接していない若者たちの運動は、数としては時に盛り上がっても、知的な面で限界があるのです。

やはり運動は、学生が中心的に担わなくてはなりません。

100人に1人

学生運動が存在しない現在でも、社会的問題意識を持っている学生は個別に存在しますし、私自身、そういう学生にたびたび出会います。本書を読んでいるあなたがもし学生なら、あなたもきっとそういう学生なのでしょう。

が、彼らが共通して口にするセリフがあります。

「**自分はいろいろ問題意識を持っているつもりだけど、今の学生の大半はそんなこと**

に興味がありません。みんな遊ぶことや、あるいは就職のことしか考えていません。何か呼びかけたって反応しませんよ」

思い上がってはいけません。あなたはそんなに特別な、優秀な、非凡な学生なんですか？　たまに私のように本当にスペシャルな人もいるかもしれませんが、みなさんのうち99・9％は違います。あなた程度の不平不満を抱いている学生は、少なくともあなたと同じ大学に通っている、したがってあなたと同じぐらいの学力水準の学生たちの中にはいくらでもいます。

私は10年ほど前（現在と同様に、あるいはSEALDs登場以前ですから現在よりもさらに「若者は政治に無関心」と見なされていました）、1年間ほどバーテンというか、いわゆる雇われ店長的にバーに常駐し、接客をしていました。私が常駐していることを積極的にアピールし、政治的な背景をプンプン匂わせているバーだったので、そういうことに興味のある人たちがよく飲みに来ており、もちろん学生も珍しくありませんでした。

そこで何度も体験したのですが、ある大学の学生がやって来て、前述のような思い上がったことを云います。「そんなことはないはずだよ」と私は諭《さと》します。しばらくして同じ大学に通う別の学生がやって来て、まったく同じような思い上がったことを云います。

つまり私に云わせれば「**おまえら、知り合ってないだけだ**」という話なのです。

そういうことが本当に何度も、つまり複数の大学に関してありました。

どうしてそんなことになってしまうかと云えば、まさに学生運動が存在しないためです。運動が存在しないので、似通った問題意識を抱えている学生同士が、日々同じ大学に通っていながら、出会うきっかけがないのです。

これはつまり、問題意識を持っている学生たちは存在するけれども、それを周囲にアピールして仲間を集める学生が皆無だということです。「**この指とまれ**」を**云い出す〝一人目の学生〟が存在しないため、誰か別の学生が云い出してくれたらそこに参集する気がないでもない、今ひとつ踏ん切りがつかずにくすぶったままの多くの学生が、永遠に孤独の淵に追いやられているのです。**

私の感触としては、大学生活になじめず、「毎日どうも面白くない。いっそ学生運動でもあれば参加するのに。ああ、おれも60年代に学生やりたかったなあ」と考えている（じゃあ率先してやりゃいいのに、情けない）学生は、どこの大学にも少なくとも

100人に1人はいます。どこの大学にもというのは、東大にも、〝国際環境情報大学〟みたいな大学にも、ということです。

たぶん80年代末あたりから、小中高の教育システムが崩壊しているために、優秀な若者が必ずしも（いわゆる）一流大学に集まってくることになっておらず、それでも東大生や京大生が比較的優秀であるのは当然としても、（いわゆる）Fラン大学の学生だからといって必ずしも優秀でないとも云えない状況になっている感触もあります。

つまりどんな大学にも、それなりの問題意識を持っている学生が、大差ない割合で一定数います。一定数というのは、繰り返しますが100人に1人とか、です。

少ないと思いますか？　100人に1人じゃや、仮にその全部が立ち上がったとしても、たいした勢力にはならない？

もちろんそんなことはありません。60年代末に学生運動がとんでもなく盛り上がったという話は、本書を手にとるような人なら小耳に挟んだことぐらいあるはずですが、当時どれくらいの学生がそれに参加していたかといえば、10人に1人ぐらいです。「全共闘」を中心とする過激な運動ではなく、共産党などの穏健なヘナチョコ学生運動に参加していた学生まで含めれば5人に1人ぐらいになるかもしれませんが、それでも当時は大学進学率そのものが現在よりずっと低いので、今の感覚で云えばやはり学生の10人に1人ぐらいが何らかの学生運動に参加している感じでしょう。10人に1人と100人に1人ではだいぶ違う気がするかもしれませんが、60年代末はあくまでも特別な高揚期、一部の学者が「世界革命」と呼ぶぐらいの史上稀な高揚期なのです。**学生の10人に1人が立ち上がれば「世界革命」なんですから、平時には100人に1人で上出来です。**

逆に、100人に1人なんてありえない、多すぎる、私の希望的観測だと感じる人もいるかもしれません。しかし、そんなこともないはずです。100人に1人というのは、平均的な中学・高校で考えれば、2、3クラスに1人ということです。大学進学率を考慮に入れれば、5、6クラスに1人かもしれません。いくらなんでもそれぐらいは、マジメに社会や人生の問題を考えている人はいるでしょう。希望的観測どころか、私はむしろ低く見積もっているのです。

学生の100人に1人が学生運動に参加している状況は、まったく考えられないものではありません。それは、とくに盛り上がっているわけでも、とくに盛り下がっているわけでもない、本来あるべき普通の状態です。

ところで、あなたの通う大学では、どれぐらいの学生が学生運動に参加していますか？　何千人か学生のいる大学なら、何十人かは何かしらの社会的・政治的・思想的・哲学的・形《けい》而《じ》上学《じょうがく》的な話で熱くなって、運動的に日々あれこれやっているのが当たり前だと分かったはずです。そんな学生は１人もいない？　だとしたらそれはものすごく異常なことなのです。

異常すぎる現状に鑑みれば、今日明日にも１００人に１人の学生が学生運動に参加することは考えられないとしても、１年後も、まして5年後もそうなっていないとは絶対に云えないのです。

だって、そうなるのが本来は普通なのですから。

第3章

〝戦後史〟非入門

私たちは戦時下にいる

ここからは、歴史の勉強です。

現状を変革するためには、その〝現状〟がどのような経緯で成立したのか、という〝歴史〟を知っておかなければいけません。


結論から云えば、**現在、私たちの社会は戦時下にあります。**

世界的には01年の9・11テロ、国内的には95年のオウム事件を起点とする、いわゆる「反テロ戦争」の戦時下にあるわけです。

諸個人の自由や人権よりも〝全体〟の治安維持が最優先され、「安全・安心の街づくり」に水を差すような、多数派を不安にさせかねない言動は、場合によっては法解釈の変更や新規立法をさえ辞さない取り締まりの対象になってきました。

オウム事件の年に生まれた人がもう20代後半ですから、事件を機に激変してしまった日本社会しか知らずに育った若い人たちにはピンとこない話かもしれません。どう変化したのか、詳しくは次章で解説しますが、もしも80年代後半あたりの平均的な若者が、当時から現在にタイムスリップしてきたとすれば、「なんと恐るべき管理社会・警察国家が実現していることか！」と愕然とするはずです（逆に現在の若者が80年代以前の日本にタイムスリップすれば、なんと野蛮な無法地帯かと恐怖に震えることでしょうが）。

反テロ戦争では治安維持こそが柱ですから、軍隊ではなく警察が戦争の主役を演じます。逆に軍隊の活動は警察的に変質し、じっさい米軍ですら、この戦争においては（まあだんだん〝なりふりかまわず〟的になってはいますが）「世界の警察」として振る舞ってきました。

軍隊のドンパチだけを戦争と考えている限り、この戦争は〝戦争〟と認識できません。アンチ自民党な人々は、自民党政権が何かやるたびに「戦争の足音が聞こえる！」などと騒ぎますが、戦争はもうとっくに始まっているのです。逆に、そもそも彼ら〝反戦〟派がイメージしているようなタイプの〝戦争〟は、今後そうそう起きる可能性などないでしょう。

考えてみれば、9・11テロへの報復として反テロ戦争に踏み切る時に、アメリカの政治指導者たちは、それを「**まったく新しい戦争**」と呼びました。過去の〝戦争〟イメージに呪縛されていると、01年以来（日本では95年以来）ずっと続いているこの「まったく新しい戦争」を〝戦争〟として認識できず、したがって現在が戦時下にあることにも気づけないことになります。「私たち戦争を知らない世代は……」などというマヌケで恥ずかしいフレーズが、今なお〝反戦〟派の人々の口から連発される所以《ゆえん》です。

第四次世界大戦

そして、この現在進行形の反テロ戦争は、第四次世界大戦でもあります。

第三次ではありません、第四次です。

この「まったく新しい戦争」に直面して、派手なドンパチだけが戦争でないことに気づけば、いわゆる「冷戦」もれっきとした戦争だったことに思い至ります。

お互いに手出しできない膠着《こうちゃく》状態に陥ったまま、たまに局所的に小競り合いを起こしつつ、士気と臨戦態勢を維持し、ひたすら敵方の疲弊《ひへい》を待つという持久戦・消耗戦は、戦争の一形態として歴史上べつに珍しいわけでもありません。したがって、「冷戦」がまごうことなき戦争そのものだったのだと認識することは、今回の反テロ戦争を戦争だと認識することよりもずっと容易でしょう。

反テロ戦争は、要は警察権力の異様な拡大という形で現象します。じわじわと、しかし急速に、警察それ自体や警察的なメカニズムが社会全体に浸透していく日常的な光景、それがそのまま戦争なのだと認識するのは、かなり難しいかもしれません。「冷戦」が第三次世界大戦で、現在の「反テロ戦争」が第四次世界大戦だとする私の見解を、一種のトンデモと受け取る読者も多そうな気がしますが、これは実は非常に〝常識的〟な見方でさえあったりします。

第二次世界大戦終結直後、冷戦の時代――ある意味では第三次世界大戦ともいえる新しいグローバルな戦争の時代――が始まり、それが崩壊する（一九八九―九一年）と同時に、現在の〈帝国〉の内戦状態が始まった。したがって今の時代は第四次世界大戦とみなすこともできる。

（アントニオ・ネグリ＆マイケル・ハート『マルチチュード』）

ネグリ＆ハートといえばこの20年間ほど、インテリ左翼の間では世界的権威と云ってもよい超メジャーな思想家コンビです。そのネグリ＆ハートが、『〈帝国〉』と並ぶ主著と見なされている『マルチチュード』の中で、露骨にこう云っているわけです。

私は左翼ではないのでネグリ＆ハートなんぞ斜め読みした程度ですが、真面目に読んでいたはずのインテリ左翼たちはこの箇所を読み飛ばしているのか、あるいは読んだふりをしていただけなのかもしれません。でなければ、例えば「安倍政権は戦争の準備をしている」などということを、云えるはずがなかったからです。

「準備」どころか戦争は安倍政権以前にとっくに始まっており、もちろん民主党政権だって何の迷いもなく戦時政策を推進してきたのです[★1]。

第二次大戦、冷戦、反テロ戦争と戦争は途切れることなく続いており、〝**戦争を知らない世代**〟など本当はどこにも存在しません。〝第一次大戦以来〟ということになるでしょうが、私たちは全員、戦時体制の外に出たことなどないのです。

[★1] 多数派の〝安全・安心〟を脅かす不穏な言動を取り締まるための武器として重宝されているのが、政治的に〝不適切〟な言動を摘発する、左派・リベラル派主導のいわゆるPC（ポリティカル・コレクトネス）であることを考えれば、むしろ自民党以上に民主党系や社民党・共産党などのほうが、この戦争の遂行には熱心だと云えます。

世界大戦から世界内戦へ

先の引用にあるように、ネグリ&ハートは、第三次大戦（冷戦）の終焉と「同時に」第四次大戦（反テロ戦争）が始まったと見ているようです。

冷戦終結で米ソの世界支配のタガが緩んだと思ったのか、イラクが突如として隣国クウェートに侵攻し、「湾岸危機」が起きたのが90年のことでした。これが翌91年、アメリカが主導する多国籍軍とイラクとの「湾岸戦争」へと発展するわけです。

互いに数万発の核ミサイルを保持してアメリカとソ連が睨《にら》み合っていた「冷戦」とは異なり、湾岸戦争は、「非対称戦争」とも形容される圧倒的な戦力差を背景に、米軍が世界の警察を気取って、敵をまるで犯罪者のように見なして単に〝鎮圧〟した、という印象の出来事でした。たしかに「非対称戦争」も「〝世界の警察〟としての米軍」も反テロ戦争に顕著な構図であり、それがすでに湾岸戦争の時点ではっきりと顕れていたと云えます。

また、この湾岸戦争を機に、米軍がそれまで以上に大々的に中東に展開してアラブ人たちの反感を買い、ちょうどアフガニスタンを舞台にソ連軍を撃退する「聖戦」を終えて戻ってきたイスラム戦士たちが、やがて反米テロリスト・ネットワークを形成していくわけですから、そういう意味でも湾岸危機・湾岸戦争が9・11へと、つまり第四次世界大戦の本格的な開幕へと至る起点だと見ることはできるでしょう[★2]。

現在の反テロ戦争は、先のネグリ&ハートの引用にも反映されているように、「世界内戦」とも呼ばれます。日本語で聞くと「世界大戦」にかけた駄洒落みたいですが、欧米の思想家たちが「グレート・シヴィル・ウォー」と呼んでいるのを訳したもので、そもそも「グレート・ウォー（世界大戦）」にかけた駄洒落なわけです。

第三次世界大戦が終わってすぐに第四次世界大戦が始まったとも云えるし、三次にわたる「世界大戦」の20世紀が終わり、「世界内戦」の21世紀が始まったとも云えます。もちろん「世界内戦」もまた全世界を一つの戦時体制下に置く「世界戦争」の一形態であり、**「世界戦争」が20世紀的な「世界大戦」の局面から21世紀的な「世界内戦」の局面に移行した**、と云うこともできるでしょう。

この時代に政治的な活動を担うのであれば、こうした認識は是非とも共有しておき

[★2] 湾岸戦争と9・11の間には他に、セルビアのミロシェヴィッチ大統領を〝悪役〟と見立て、やはり一方的に〝鎮圧〟した、ユーゴ内戦へのNATO軍の介入があります。これもまたネグリ&ハートその他の思想家たちによって、「まったく新しい戦争」が本格化していく過程に位置づけられています。

たいものです。

熱戦と冷戦

さて、「私たちは第四次世界大戦の戦時下にいる」という、そこだけいきなり云うとトンデモ扱いを招きかねない私の見解が、なんと世界水準のインテリの間ではむしろ常識的なものなのだと説明した矢先に、それを台無しにしてしまいそうな、さらに輪をかけた超トンデモ見解を表明しなければならないのは心苦しい限りです。

実は、私は最近、第二次大戦が〝1945年に〟終わったという常識を疑い始めています。さらに云えば、そもそも「第一次世界大戦」とか「第二次世界大戦」というものは、実は〝ない〟のではないかと思っています。

正気を疑われかねないので結論を先に示唆しておくと、まず、**「第一次世界大戦」「第二次世界大戦」というのは、実際には両者を合わせて一つの戦争だったと考えるべきではないでしょうか。**

つまり、もしも仮に〝一次〟だの〝二次〟だのと云うのであれば、いわゆる第一次大戦といわゆる第二次大戦を合わせたものを「第一次世界大戦」、さきほど〝第三次大戦〟とした冷戦を「第二次世界大戦」と呼ぶべきではないか、ということです。

とはいえ、これほど定着した呼称を変更させるのは不可能に近いので、ここは大人の判断をして、以下、いわゆる第一次大戦といわゆる第二次大戦を合わせたものを「熱戦」と呼ぶことにします。

すると次に、ではその熱戦と冷戦の境目はいつなのか、という問題が生じます。いわゆる第一次大戦といわゆる第二次大戦を、連続した一つの「熱戦」だと捉えたとして、その起点は、いわゆる第一次大戦が勃発した1914年だと考えて何の問題もありません。しかし終点については、いわゆる第二次大戦の終結と「熱戦」の終結がイコールになるかといえば、どうも違う気がしてくるわけです。

ここで察しの良い読者は気づいたかもしれませんが、実は熱戦と冷戦も一つの連続した戦争です。

要するに1914年から89年まで、75年間にわたって延々と、本当はたった一つの「世界大戦」がおこなわれていただけの話です。ただ、その長い世界大戦には、大きく分けて前半の熱戦と後半の冷戦という二つの局面があり、様相がかなり違っています。

局面が変わったのはいつなのか？　〝何年何月〟というふうに、はっきり確定できそうにないと思われるかもしれません。しかし少なくとも〝45年〟でないことだけは間違いないでしょう。あとで少し検討してみますが、おそらくもっとずっと後の時期であろうことは、大半の読者にも予想がつくはずです。

〔資本主義、共産主義、ファシズムの三つ巴〕

「熱戦と冷戦の境目はいつか？」という疑問はいったん措いて、ここからはまた別の角度から、75年間に及んだ世界大戦の推移を見てみましょう。

い、い、い、いわゆる第二次大戦が終結して以降、アメリカとソ連の対立が急速に激化し、その過程のいずれかの時点で、冷戦構造と呼ばれる強力な世界秩序が成立します。

しかし、**そもそも世界大戦の構図は資本主義（アメリカ）vs.共産主義（ソ連）の二**

項対立ではなく、そこにファシズム陣営（中心はドイツ）を加えた三つ巴《どもえ》の覇権争いだったはずです。

そのファシズム陣営がいわゆる第二次大戦で敗退したとなれば、残った二つの陣営による最終決戦が引き続きおこなわれるのが自然な流れというものでしょう。ところが双方とも核武装を実現したために、一気に勝負をつけることが難しくなります。正面衝突を避けながら陰に陽にさまざまな工作を仕掛け合う持久戦・消耗戦、すなわち〝冷戦〟が長きにわたって展開されることになったわけです。

では、さらに遡って、そもそもの三つ巴の覇権争いがなぜ始まったのかと云えば、いわゆる第一次大戦の結果です。そして、その対立は要するに「**資本主義をどうするのか**」という問題をめぐるものでした。

つまり、まず資本主義の拡大と発展という事態が前提にあります。

資本主義がどのように成立し展開してきたかについては、ごく普通に世界史の勉強をしてください。いつからなのかは諸説ありますが、とにかく世界史のある時点で資本主義という強力なシステム［★3］が成立し、拡大・発展を始めました。この資本主義システムに対する疑問の声が上がり、それが思想や運動として広がっていくのが19世

［★3］資本主義とは何か、を短い分量で説明するのはそもそも無理だと承知の上で、ごく簡単に云えば、もともと太古の昔から人類はモノを作ってきた（「生産」してきた）わけですが、生産というのは本来、そして実際に近代以前までずっと、生み出したモノを自分たちで食ったり使ったりするためにおこなわれるもので、つまり最初から〝売る〟目的でおこなわれる生産はごく例外的なものでした。その〝売るため〟の生産が、人々の生産活動の圧倒的大部分を占めるようになるのが「資本主義社会」です。資本主義のメカニズムはあらゆるものを売り買

紀です。

資本主義というシステムの弊害《へいがい》を除去する、あるいは資本主義そのものを廃止することを目指すそれらの思想や運動は「社会主義」と総称されます[★4]。

さまざまな社会主義思想が提唱されましたが、やがてその中でもマルクスの思想がもっとも理論的な体系性を備えたものとして、圧倒的な影響力を獲得するのが19世紀末から20世紀初頭にかけてのことです。

そして1917年、ついにそのマルクスの理論に基づく（と称する）革命が勝利します。

レーニンが指導した「ロシア革命」です。

ロシア革命がいわゆる第一次大戦の最中の出来事だったことは、重要です。

この時代、いよいよ資本主義システムが行き詰まり、そもそもいわゆる第一次大戦の勃発こそ、まさにその証左であると多くの人には感じられていたのです。「**戦争を内乱に転化せよ**」の名台詞でも知られるとおり、レーニンは資本主義の危機＝戦争の混乱に乗じて社会主義革命を成功させました。

こうなると当然、まだまだ資本主義を続けていきたい他の国々は慌てます。

いの対象に変質させていきます。人間がモノを生産する能力（＝労働力）さえもが、時給いくら日給いくらで売り買いされる「商品」と化してしまったことに批判の目を向けたのが「社会主義」思想です。

[★4] 社会主義思想にもいろいろありますが、おおよそ共通するのは、資本主義システムへの批判的立場です。じっさい資本主義を剥き出しのまま放っておくと格差拡大がとめどなく進行し、しかも貧困層は大量に失業して路頭に迷います。そのような資本主義の弊害を最小限に抑えるために福祉などのセーフティ・ネットの充実を要求す

利潤追求に明け暮れて、資本主義に必然的に伴う弊害を放置していては、やがてそれらの国々でも人々の不満が爆発して社会主義革命が起きてしまうでしょう。実際マルクスは社会主義革命の到来を、資本主義の矛盾に起因する必然的なものだと説いているのです。資本主義を続けたければ、資本主義側も人々を惹《ひ》きつけるに足る何らかの正義を仮構する必要があります。

そこで一躍、世界史のもう一方の主役として登場してきたのがアメリカです。弱肉強食の資本主義を単に擁護するのではなく、「自由」と「民主主義」という普遍的理念のようなものを掲げて、資本主義をいくぶん補正しつつ正当化したのです。

普遍的価値vs.普遍的価値

そもそも、いわゆる第一次大戦は当初、**〝普通の戦争〟**のつもりで始められたものでした。

ヨーロッパ諸国は、利害対立を通常の外交交渉では解決できないと判断した際には

る穏健な社会主義もありますし、資本主義というメカニズムそのものを解体しなければ本質的な解決にはならないと考える急進的な社会主義もあります。ちなみに「社会主義」と「共産主義」の区別はもともと曖昧で、せいぜいのところ、資本主義メカニズムの廃止を目指す急進派が「共産主義者」と呼ばれがちだったという程度のことです。ただし、ロシア革命以後は、レーニンらが他の社会主義勢力との差異化を図るためにことさらに「共産主義」の語を強調し、それまで各国に存在した「社会党」などを割って「共産党」を結成するよう呼びかけた

武力に訴える権利があることを、互いに認め合っていました。まず宣戦布告をしなければならないとか、捕虜の取り扱いとか、戦争の〝手続き〟に関する取り決めはいろいろありましたが、〝戦争それ自体〟は主権国家の正当な権利だとされていたのです［★5］。

〝普通の戦争〟は、たいてい領土問題などがこじれて起きるわけです。通常の外交交渉の行き詰まりを打開するために武力に訴えたにすぎないんですから、どっちが強いかおおよそ判明すれば、優勢な側に有利な形で懸案の解決を図る、講和に向けた交渉が始まります。

ヨーロッパが戦場となる大きな戦争は1870年の普仏戦争以来ほとんど半世紀ぶりのことでしたが、どうせ過去の（普通の）戦争と同じようなものだと、各国の政府も国民もたかをくっていました。1914年夏の開戦からまもない時期の兵士たちは「クリスマスまでには帰れる」と口々に云い合い、つまり数ヵ月で戦争は終わるものと考えて、むしろ武勲を立てて男を上げるチャンスとばかりに勇んで出征していきました。

ところが、戦況は泥沼化します。

ため、実際上の用法としては「共産主義」は〝ソ連派〟を意味するようにもなります。

［★5］当初はヨーロッパ諸国間だけの合意でしたが、やがてアメリカや日本も仲間に入れてもらい、そうした〝普通の戦争〟の最後が1904〜05年の日露戦争だったとされています。

〝人類の進歩〟の象徴だったはずの、科学技術の約半世紀分の発展の成果が新兵器開発につぎ込まれて、毒ガスだの機関銃だのが登場し、戦線が動かなくなるのです。状況を打開しようと、戦車、さらには戦闘機まで登場するのもこのいわゆる第一次大戦ですが、**戦闘機の登場によって、前線から遠く離れた〝銃後〟であるはずの都市部も安全圏ではなくなりました。**

過去の牧歌的な戦争の1年分あるいは数年分にあたる戦死者を、1日2日で出すような戦闘が延々と続き、ほどなく厭戦《えんせん》気分が各国に蔓延します。

資本家が利潤追求のために政府を動かす資本主義がかくも悲惨な戦争を招いた、ということで社会主義勢力が伸張し、これがロシア革命にもつながるわけです。

一方で、厭戦気分の蔓延に抗して士気を維持するために、また税収による戦費調達を滞らせないために、各国政府は銃後の国民の経済的安定に気を遣うようになり、結果として欧米諸国は〝福祉国家〟化していきます。

ラジオや映画といった当時の最新メディアを通じた情報操作、世論誘導も本格化します。

長い戦争に耐えられるよう、社会のあらゆる領域でシステムが根本から再編成され、

「総力戦体制」が生み出されるのです。

いかにも〝戦争〟らしい派手なドンパチは18年にいったん終わり、いわゆる第二次大戦が始まる39年までの約20年間は「戦間期」と通称されていますが、それが〝平和な〟時代と呼べるかどうかは大いに疑問です。

それまでの〝普通の戦争〟と違って、いわゆる第一次大戦は、劣勢となった側の諸国が体制崩壊するまでとことん続けられました。敗戦の結果、ドイツ帝国、オーストリア・ハンガリー帝国、オスマン帝国（トルコ）は消滅しています。**敗者が対等な交渉相手としてではなく、まるで犯罪組織ででもあったかのように一方的に裁かれるようになるのも、この時からです**[★6]。ドイツはとくに念入りにいじめ抜かれ、恨みが蓄積したこともあって、〝次の戦争〟が不可避だということは誰の目にも明らかでした。

実際、各国ともいわゆる第一次大戦中に必要に迫られて形成し始めた総力戦体制を、目的意識的にいよいよ本格的に建設すべく、それこそ国家の総力を挙げて取り組んだのであり、「戦間期」とは結局、〝次の戦争〟が遠くない将来に始まることを前提とした、その準備期間でしかありません。戦争はせいぜいのところ、一時的に〝中断〟さ

[★6] 行き詰まった外交交渉を有利に再開するためにおこなわれる〝普通の戦争〟では、肝心の交渉相手を消滅させてしまうことなど論外でしょう。また、〝戦争に訴える権利〟を互いに認め合うヨーロッパ諸国間の合意は、敵方を悪魔の代理人と確信し合って壮絶に殺し合った宗教戦争に懲りた結果、どっちが〝本当に正しい〟かは措いて……というクールな〝正義〟観に基づいて成立したものでした。そういう歴史的な教訓を無化するように、敵方が（単なる利害対立者ではなく）犯罪的な〝悪〟とされたのは、この後に述べるように、いわゆる第一次大戦の

れていたにすぎないとも云えます。

それならば、これまで「第一次」「第二次」と二つに分けて考えられてきた戦争は、一体のものとして認識し直すべきなのです。

しかも、〃革命国家〃ソ連の登場を不都合と見た資本主義諸国のうち、いわゆる第一次大戦の勝者となり、まだしも余力があったイギリス、アメリカ、フランス、イタリアなどは、ソ連の存在そのものを地上から消し去るための「干渉戦争」（シベリア出兵）を、18年から22年にかけておこなっています。ヨーロッパでのドンパチなど対岸の火事のようなもので、東アジアのドイツ拠点をちょっと攻撃して漁夫の利的に肥え太っただけの日本も、20世紀的な「世界戦争」の悲惨さを体験せず理解もできていなかったぶん余計に熱心に、これに参加しました。

つまり「戦間期」と呼ばれる時期に入ってもなお、〃革命国家〃ソ連の崩壊を意図した、したがって「世界大戦」的に有意味でさえある〃熱戦〃が、シベリアを舞台に続けられていたりもするわけです。

36年にはスペイン内戦も始まっています。ソ連共産主義vs.独伊ファシズムの代理戦争と化し、国家としては中立を守った英米仏からも民間の義勇兵が（多くの場合は）

末期に始まった、〃普遍的正義〃を掲げる巨大国家どうしの覇権争いの反映です。アメリカが主導する現在の「反テロ戦争」で、少なくともアメリカ側は敵方を〃悪〃と見なすのも、この覇権争いの最終勝者なのですから当然です。

反ファシズム側に身を投じたことからも分かるように、いわゆる第二次大戦の構図そのままの、まさに〝前哨《ぜんしょう》戦〟です。

日本も37年にはすでに、やがて太平洋戦争と連動する日中戦争の開戦によって、一足先にいわゆる第二次大戦に突入しています。

いわゆる「戦間期」は、ちっとも〝平和〟ではないのです。

ともかく、ヨーロッパ全域がいわゆる第一次大戦の舞台となって荒廃したためもあり、資本主義諸国の覇権はイギリスからアメリカに移行します。

アメリカはもともと、ヨーロッパ中世末期に登場した人権思想や民主主義の精華を憲法に書き込んで建国したのだという神話にすがる、思い込みの激しい傲慢《ごうまん》な人々の共同体です。アメリカが唱える〝自由と民主主義〟こそ人類が共有すべき絶対的な価値であると、まだアメリカがそんなに強国ではなかった時代から信じ続けています。

「共産主義のユートピアこそ人類全体が到達すべき理想郷だ」と主張するソ連も、やはりいわゆる第一次大戦の副産物として登場したことは前述のとおりです［★7］。

つまりいわゆる第一次大戦の結果、**ヨーロッパの東西に、それぞれの〝普遍的価**

［★7］ちなみに社会主義・共産主義も、ヨーロッパ中世末期に登場した人権思想や民主主義の理想の実現たるフランス革命の延長上で生まれてきたものですから、アメリカもソ連も根は同じだとも云えます。

値〟を掲げて全人類にその信仰を押しつけようとする、迷惑きわまりない新興の巨大国家が台頭してきたというわけです。

第三の道、ファシズム

第5章で改めて説明するように、民主主義と資本主義はほぼイコールの関係にあります。同じシステムの経済的側面が資本主義で政治的側面が民主主義であるとも云えるし、むき出しの資本主義の弊害を民主主義的な政治介入によって修正し補完するという関係にあるとも云えるでしょう。

ここで**ソ連型の共産主義と、アメリカ型の**（**修正**）**資本主義の、どちらが全人類が最終的に到達すべきユートピアのモデルなのかという競争**が、いわゆる第一次大戦のドンパチが終わるやいなや（というよりドンパチの末期から）開始されたのですが、まもなくその双方を拒絶する〝第三の道〟が提示されます。

云うまでもなく、「**ファシズム**」です。

いわゆる第二次大戦の戦勝国となったアメリカとソ連の双方による長期にわたるプロパガンダが効いて、今ではすっかり誤解されていますが、**ファシズムとはもともと普遍的な価値や理念、絶対的な正義を拒絶する思想です。**

全人類が共有しうる普遍的な価値や正義なんて存在しえないし、各民族は、他民族には通用しない独自の正義や価値観をそれぞれ保有しているのであって、アメリカとソ連が全人類に押しつけようとする〝正義〟を拒否し、諸民族の自立を守り抜こう、というのがファシズム思想・ファシズム運動なのです（国家を持たない少数民族などへの配慮に欠けるといった歴史的限界はありました。もちろんそのことを、60年代まで黒人やいわゆるインディアンを露骨に迫害し続けたアメリカに非難される筋合いはありませんが）。

ファシズムがナショナリズムと違うのは、**〝反普遍主義〟を云わば〝もう一つの普遍主義〟として掲げるアクロバット**によって、まず普遍主義の登場を前提に、それに事後的に、かつ意識的に対抗して登場してくるところです。既存の素朴な伝統的保守政権では普遍主義の猛威に対抗できないので、当然まずそれを打倒するファシズム革命が志向されることにもなります。

ファシズム国家では、資本主義的な経済メカニズムの作用は、民族的伝統や国民的一体感を破壊しない範囲に制限されます。資本家階級より上位に位置づけられるファシスト党が独裁的に国家権力を行使し、経済に介入するわけです。資本主義メカニズムの野放図《のほうず》な展開が〝抑止〟されるだけで、ソ連型の共産主義とは違って、資本主義それ自体の〝廃止〟は目指されません。

いわゆる戦間期に入って間もなく、1922年にはファシズムの創始者ムソリーニがイタリアで革命を勝利に導き、政権を樹立します。これに倣《なら》ってドイツでも33年、ヒトラーが革命に成功し、ナチス政権が誕生して、ファシズム陣営ではむしろイタリアよりドイツのほうが要の位置を占める展開となります。

もともと英米寄りだったはずの日本も、複雑な経緯の末に独伊側に転じたことは説明するまでもありません。ただし、**日本ではムソリーニやヒトラーに相当するファシズム革命家たち（北一輝《きたいっき》、石原莞爾《いしわらかんじ》、中野正剛《なかのせいごう》など）はすべて敗北し、ファシズム政権は誕生しませんでした。**日本に成立したのは、既存の保守政権がなりゆきでドイツ・イタリアの体制を外見だけ模倣《もほう》した、せいぜいのところ〝疑似ファシズム政権〟です。

ともかく、いわゆる第一次大戦後の世界は、急速にソ連型共産主義、アメリカ型資本主義、そしてファシズムの、三つ巴の闘争の場として再編成されていったのです。

案の定、やがていわゆる第二次大戦の過程で、米ソ連合軍によって（〝疑似〟の日本を含む）ファシズム陣営は完膚《かんぷ》なきまでに叩きのめされ、世界史の表舞台から退場させられます。

しかしこのいわゆる第二次大戦において、アメリカとソ連が手を組む展開は、必然的なものではありません。まずはドイツとソ連が手を組んでアメリカを粉砕する展開も、アメリカとドイツが組んでソ連を粉砕する展開も、同等にあり得たはずです[★8]。その場合にはいわゆる第二次大戦後の世界は、共産主義陣営とファシズム陣営、あるいはファシズム陣営と資本主義陣営とに二分されることになったでしょう。

いずれにせよ、全人類が共有すべき普遍的理念を体現する〝唯一の覇権国家〟の座をめぐる争いである以上、三鼎《さんてい》対立が二項対立に整理されたところで、20世紀的な「世界戦争」は終わりません。勝ち残った二つの陣営が、最終勝者の座を賭けて激突する〝さらに次の戦争〟（というかドンパチの局面）が、そう間を置かずに始まるはずでした。実際、米ソの最終決戦は始まりかけてもいました。

[★8] ファシズム陣営と資本主義陣営が「反共」の一点で手を組むことは充分あり得たことです。またファシズム陣営と共産主義陣営も、もともとファシズムも社会主義思想の一変種ですし、ナチス政権の成立以前のドイツなどでは「反帝国主義」で共闘することさえありました。

ところが、いざ本格的なドンパチの局面に入る以前に両陣営とも核武装を実現してしまったために、互いに手出しのできない「冷戦」が延々と続くことになったわけです。

繰り返しますが、冷戦もまたれっきとした戦争です。いわゆる「第三次大戦」は、そういう形で実際に起きていたと考えるべきです。**〝平和な戦後社会〟などというものは幻にすぎず、世界中のあらゆる国が、もちろん日本も、冷戦という世界規模の戦争に参加していた事実をよく自覚しないと、本当の歴史は見えてきません。**

もちろん冷戦期を体験した人たちもまた、〝戦争を知らない世代〟ではあり得ません。

冷戦という戦争

ここで〝45年に第二次大戦が終わって、まもなく冷戦構造が成立する〟という、一般的かつ虚偽の歴史観をとりあえずなぞってみると、英首相チャーチルの有名な「鉄のカーテン」演説[★9]がおこなわれたのは46年3月です。47年秋には、アメリカの批評家ウォルター・リップマンのそのものズバリ『冷戦』という本が刊行されて話題となりました。たしかに〝45年に第二次大戦が終わって、まもなく冷戦構造が成立する〟ように見えます。

ところが、実はその頃はまだ、中国で（アメリカに支援された）国民党と（ソ連に支援された）共産党の「国共内戦」が続いており、これが49年に共産党の勝利に終わって、中華人民共和国が成立するわけです。さらに今度はその中国とソ連が結託して朝鮮半島に介入し、北朝鮮を韓国に攻め込ませて、50〜53年の朝鮮戦争へと続いていく展開になります。

ちっとも〝冷戦〟ではありません。まだまだ熱戦が続いているのです。ヨーロッパでも、40年代のうちはまだまだ一触即発の状況です。「ナチス・ドイツからヨーロッパを解放する」と称してソ連は東欧諸国に攻め込み（もちろんアメリカも同様の建前で西欧諸国に攻め込んだわけです）、占領という歴然たる軍事的圧力のもと、45年から48年にかけて次々と傀儡《かいらい》政権を成立させていきます（もちろんアメリカも同じことを西欧諸国でやっています）。

[★9] 西欧と東欧の間にまるで〝鉄のカーテン〟が下ろされたかのように、「バルト海のシュテッティンからアドリア海のトリエステまで」の線から向こうがソ連圏として分断されてしまっている、と危機感を表明した演説。

状況次第でどちらの陣営に組み込まれるか微妙だった国々もあり、結果としてはポーランドやチェコスロバキアはソ連側に、ギリシャなどはアメリカ側になりました。完全なるアメリカ側陣営のフランスやイタリアでも、共産党が非共産圏においてはもっとも強力なそれとして成長します。

構図としては、それまでソ連（とモンゴル）だけだった共産国が、共産圏として一気に拡大しているという、資本主義陣営の指導者たちにとって悪夢のような状況だったことは想像にたやすいでしょう。パニクったチャーチルが「鉄のカーテン」云々と口走ったのも無理はありません。

ソ連が原爆開発に成功するのは49年のことですから、それまでは〝冷戦〟である必然性はないわけで、こうなったら一気に武力でカタをつけようとアメリカ側が決意しなかったのが不思議なくらいです（ソ連とは対ファシズムで同盟を組んでいた直後であり、世論の動向に左右される民主主義国家としては、いきなりの方針転換は難しかったのかもしれません）。

ともかく、いわゆる第二次大戦は、そのまま中断なく、アメリカとソ連の武力による世界分割へと続いていきました。**まずは日独伊のファシズム陣営の支配下にあった領域を、できるかぎり多く分捕《ぶんど》るという形での武力行使で、いわば誰のものでもなくなった空白地帯への進撃競争であり、もともと米ソいずれかの勢力範囲だった地域にまで手をかけないうちに、双方の核武装が実現して決着がつけられなくなった**のだとも云えます。

虚偽の〝戦後〟史

ところで、敗戦によって世界戦争の主要なプレイヤーの立場から離脱させられた日本は、その引き続きの〝熱戦〟において、安全圏からの高みの見物を決め込んでいられたのでしょうか？

普通はそう考えられています。

敗戦に際して北海道はソ連に攻め込まれる寸前まで行ってたわけで、もし攻め込まれていれば北海道は〝北緯43度線〟とかで南北に分断されていたに違いなく、日本も相当ヤバい状況ではありましたが、結果として東アジアにおいては台湾海峡や朝鮮半島が米ソ両陣営の睨み合う最前線となり、日本はそこから（沖縄を除いて）相対的に距離を保つことができた、だからこそ〝戦後〟の急速な復興も可能だった、というふうにです。

しかし、本当にそうでしょうか？

まず第一に、**日本は52年までGHQ、実質的には米軍の占領下です。**アメリカによる文字通りの軍事的圧力のもとで、日本の政策決定はおこなわれていました。アメリカは、「日本に民主主義を根づかせる」という建前で、新生日本にふさわしい、いい感じの新憲法を〝これを採用しなかったらまた原爆を落とすぞ〟的な脅しまで口にして[★10]押しつけたり、左翼的な学生運動や労働運動を奨励して、守旧派の権力者たちに圧力をかけさせたりしています。

しかしその一方で、日本の国民世論が反米的にならないよう、新聞・雑誌・書籍・ラジオ・映画などあらゆる言論を検閲し、アメリカに都合の悪いものは世の中に出る前に差し止めていました[★11]。原爆の被害状況さえ、反米感情を煽《あお》りかねないので、占領下ではほとんど報じることができませんでした。そうした政策がうまくいってい

[★10] GHQのホイットニー民政局長は、GHQ作成の憲法草案を吉田茂ら日本政府首脳に提示すると、それを全面的に受け入れるかどうか15分だけ時間を与えるから話し合えと指示した上でベランダに出て、再び部屋に戻った際、「原子力の日光でひなたぼっこをしていましたよ」と〝原爆〟を連想させる恫喝をしています。

[★11] 悪名高い大日本帝国の検閲は、不許可部分は伏字になったり「何文字削除」と記載されたり、検閲をおこなったこと自体は隠さず、占領下でアメリカがおこなった検閲よりよっぽど〝言論の自由〟に配慮しています。

るかどうか確認するために、GHQは一般の郵便物を全国各地で無作為に1日数百通もこっそり開封し、庶民が何を語り合っているかを監視さえしています。

今となっては虚偽と云う他ない〝戦後史〟が反復的に語られ続けてきた結果、私たちは忘れてしまいがちですが、敗戦直後のベビーブームで生まれた現在70代前半の団塊世代＝全共闘世代が小学校に上がる前後まで、「鉄腕アトム」の連載が始まったり松本清張《せいちょう》がデビューしたり美空ひばりの楽しげな「お祭りマンボ」が流行ったりしている頃まで、日本はそういう過酷な占領下に置かれていたのです。

日本をアメリカ側につなぎとめておくための露骨な軍事的圧力のもとにあった当時の日本が、はたして〝熱戦〟の外にいたと云えるのでしょうか？

それだけではありません。**もっと直接的に、日本は〝熱戦〟に参加してもいます。**

GHQの命令で日本は朝鮮戦争に掃海艇を派遣し、戦死者まで出しているのです。

当時はまだ自衛隊創設前ですから、派遣されたのは海上保安庁の掃海艇です。もちろん極秘任務で、箝口令《かんこうれい》が敷かれていましたが、部下に死者を出した当時の指揮官が「遺族に申し訳ない」と70年代になってから手記を発表し、ようやく公然の事実となりました。掃海作業中に触雷事故などによって死亡したのは、海上保安庁の1名（くだんの手記発表後、公式に「戦死」扱い）の他に、民間から駆り集められた約1200名のうち70余名もいます。

つまり**日本は単にドイツ・チームからアメリカ・チームに移籍して、こっそり戦争を続けていたのです。**

（日本共産党とコミンフォルム批判）

日本版の〝国共内戦〟も激化しています。

さきほど触れたように、**占領初期は左翼の学生運動や労働運動を保護していたGHQですが、中国の内戦や朝鮮半島や東欧の情勢がアメリカ側にとってマズい展開になってくる47年あたりから、それらを切り捨て始めるのです。**

ソ連側も攻勢をかけます。シベリアに抑留していた日本軍捕虜を洗脳教育し、とくに洗脳度の高い捕虜たちから帰国させるようになるのですが、49年6月に舞鶴港に到着した約2000名を第一陣とする、この年の引揚船44隻中33隻は〝**赤旗梯団**《ていだん》〟と通称されたほどです。「天皇島に敵前上陸！」を合言葉に、スクラムを組んで祖国に降り立つや、赤旗を振り回し、革命歌を高唱しながら激しいデモを展開、各地へ向かう列車でもたびたび途中下車しては同様の振る舞いを繰り返したのです。その光景は、ＧＨＱの工作でさっそく〝平和ボケ〟し始めていた一般の日本人に衝撃を与えました。

当時の日本共産党は、「結党以来一貫して戦争に反対し、そのため弾圧されて長い獄中生活を耐え抜いた」という宣伝が（真っ赤な嘘なんですが）功を奏して勢いに乗っており、アメリカはいよいよこれを徹底的に弾圧しようと決意します。

「国鉄三大ミステリー」と呼ばれる下山《しもやま》事件・三鷹事件・松川事件が、立て続けに起きたのも49年のことです。共産党傘下でもっとも強力だった国鉄の労働組合の存在を念頭に、米軍指揮下の謀略部隊が国鉄を標的とする凶悪な（いずれも死者を出す）テロ事件を起こし、それを共産党の仕業に偽装して弾圧の口実にしようとした……というものだったことが現在では（三鷹事件は微妙な気もしますが）ほぼ確実な、しかしいずれも未解明[★12]に終わっている怪事件です。

45年の再建以来、「愛される共産党」と称して大衆迎合の穏健路線を採用していた日本共産党が、突如として過激な武装闘争を展開したのが51年から53年にかけての約

[★12] 三鷹事件では共産党員ら10名が起訴され、うち唯一の非共産党員だった青年が、（当人の主張によれば、共産党系の弁護士に説得されて）罪をかぶるような形でいったん〝自供〟をおこなったために〝単独犯〟として死刑判決を受け、共産党員9名は無罪となっています。いずれの判決も最高裁まで争われた上で確定しましたが、少なくとも、結局獄死したその青年に関しては冤罪の疑いが濃厚です。

2年間で、全国各地で共産党員の主導による騒擾《そうじょう》事件や、警官襲撃などのテロ事件が多発して、死者もたくさん出ています。

共産党はそれで世間の猛烈な反感を買い、国会の議席を一時ほぼすべて失いますし、55年、一連の武装闘争を〃一部の誤った指導者たちに唆《そそのか》された誤った闘争だった〃と決議すると、今度は正反対の、これまた極端な軟弱路線に切り替えました。こうした過程で、とくに最前線でさんざん振り回された学生党員たちが党中央への不信感を強め、それが「**新左翼**」、つまり**〃反ソ連・反日本共産党〃を掲げる新勢力の誕生**へと直接的につながっていきます。武装闘争はこのように、対外的にも左翼勢力の内部的にも共産党に不利な結果しかもたらさなかったわけで、短期間とはいえ共産党がなぜそんなトチ狂った冒険に打って出たのか、意味不明と云う他ありません。

しかし、意味不明なのは国内情勢だけを見て考えるからで、国際情勢を視野に入れればそこには何の不思議もないのです。

日本共産党が過激路線に転換したのは、50年1月に「**コミンフォルム批判**」と呼ばれる文書が出たからです。ロシア革命直後にソ連の主導で、各国で革命を起こすためにに「コミンテルン」という各国共産党の連合組織が結成されましたが、いわゆる第二次大戦中にアメリカ側に気を遣って解散したコミンテルンの、事実上の後継組織として47年に創設されたのがコミンフォルムです。形式上はともかく、実質的には各国共産党をソ連の方針に従わせるための組織と考えて差し支えありません。

その、世界の革命指導部たるコミンフォルムが、自分たちを獄中から救い出してくれたアメリカ軍を「解放軍」などと持ち上げさえしながら軟弱路線を歩んでいた日本共産党に対して、要は「何をやっとるんじゃやボケ！」と一喝したのが「コミンフォルム批判」なわけです（つまり「コミンフォルムに対する批判」ではなく「コミンフォルムによる批判」です）。革命に成功したばかりの隣国の同志・中国共産党からも、「そうだそうだ！」と追い打ちをかける声明が出ます。

ちょうどそこへ、GHQが共産党を事実上非合法化する指令を出しましたから、いずれにせよ地下活動に移行せざるを得ない状況ではありました。

地下に潜った共産党幹部たちは北京に亡命し［★13］、その結果、50年代前半の日本共産党の指導部は北京にあって、そこから国内の武装闘争を指導しているという、現在の感覚からはとうてい想像しにくいような状況になったのです。

とにかく問題は、ソ連や中国がなぜいきなりそんな路線転換を日本共産党に迫った

［★13］「人民艦隊」と呼ばれる、共産党員などを乗せて日本とソ連・中国・北朝鮮との間を往復する密航船がこの時期もともと大量に存在していました。

のか、です。実は45年の再建からしばらくの軟弱路線も、ソ連がそうしろと命じていた側面があります。22年の結党以来、およそ60年代初頭まで、日本共産党はソ連の命令には絶対服従だったのですから、当たり前と云えば当たり前なんですが、だから日本共産党がなぜ突然ムチャな路線転換をしたかというのはどうでもよく（答えははっきりしており、「ソ連に命令されたから」です）、ソ連がなぜ急に態度を変えたかという問題なのです。

そしてこれもまあ、答えははっきりしています。朝鮮戦争勃発の可能性が、確定的に高まっていたからです。朝鮮戦争はソ連・中国・北朝鮮の指導部が結託して開戦に踏み切ったわけですから、可能性が高いというより、ソ連は積極的に開戦に踏み切るつもりでいたのです。

開戦すれば当然、韓国側にはアメリカがつき、米軍は日本国内の基地から出撃してくることになります（実際にそうなりました）。

となれば、ソ連（と中国）が日本共産党に命じたのは、「**これから朝鮮戦争をやるんだから、敵の出撃拠点たる日本国内で暴れまくれ。日本国内の治安維持に手いっぱいで朝鮮戦争に全力投入できない、という状況に米軍を追い込め**」ということだったのは明らかでしょう。

そこでソ連や中国の仰《おお》せのとおりに精一杯、暴れてみせたというのが、〝51年から53年にかけての日本共産党の武装闘争〟というキテレツな出来事だったわけです。その証拠に、さんざん暴れていた日本共産党ですが、朝鮮戦争が休戦となった53年7月末を境に、それはパッタリと止んでしまいます（武装闘争を〝誤り〟だったと決議するまでの約2年間は、そういう決議が可能になるに至る党内での権力闘争に費した期間で、そのかん武装闘争は一度もおこなわれません）。

つまり体制側だけでなく反体制側も、ソ連に無理強いされてイヤイヤながらではあったでしょうが（その点はアメリカに強いられた海上保安庁の掃海任務も同じでしょう）、朝鮮戦争という〝熱戦〟に直接、参加していたことになります。

戦争は45年に、ますますちっとも終わってなどいません。

8月15日は終戦の日ではない

さらに細かいことを云えば、そもそも45年8月15日は、ごく常識的な意味でも〝終戦の日〟なんかではありえません。

8月15日は天皇の玉音放送があった日です。天皇が国民に、ポツダム宣言を受諾して敗戦の屈辱に耐える決意を知らせた日です。

しかし戦争というのは、（今回の「反テロ戦争」＝「まったく新しい戦争」の場合はともかく、普通は）国と国との関係の話、一種の外交の問題ですから、**〝元首が自国民に戦争をやめる決意を伝えた〟などという出来事は、単に国内のエピソードにすぎず、それで終戦ということにはなりません。**

常識的には、降伏文書への調印がおこなわれた9月2日を終戦の日と考えるのが妥当でしょう。実際、日本の対戦国だったアメリカ、イギリス、ソ連、中国などは、9月2日（もしくはその日までは〝戦時中〟ということか、翌3日）を「対日戦勝記念日」としています［★14］。

［★14］日本軍の戦闘だって〝8月15日〟以降も続いています。日本領だった南樺太や千島列島に上陸してきたソ連軍と8月21日まで激戦を続けていましたし、それ以降もソ連軍の侵攻は止まらず、国後・色丹島への上陸は9月1日のことです。8月15日を〝終戦の日〟だと勘違いしている（現在の）大半の日本人は、〝戦争はもう終わっていたのに〟ソ連はひどいと思うのでしょうが、国際常識的には終戦は降伏文書調印の9月2日で、だからこそソ連はそれまでに獲れるところまで獲ってしまおうと必死になったのであって、（現在の）日本人の感

あるいは論理的には、ポツダム宣言を受諾することを連合国側に通告した8月14日や、サンフランシスコ講和条約が発効して国際法的にも戦争状態が終わり、GHQによる対日占領が終わって日本が国家主権を回復した（52年）4月28日を終戦の日と考えることもできます。

しかし、単に元首が自国民に話をした8月15日がそうであると考えるのは、国内事情しか目に入らない自閉的な一国主義で、そんなことだから戦争に負けるのだとバカにされるべきことでしょう[★15]（「終戦」ではなく「敗戦」だという議論はまた別の話です）。

8月15日を終戦の日とする認識が急速に広がったのは52年、つまり占領が終わって以降のことであるようです。マスコミが大々的にそのようなキャンペーンを張ったのです。

それ以前はマスコミも9月2日を「降伏調印記念日」として報じていました。絶対権力者である占領軍がそう云ってるのだから、逆らうわけにはいきません。

そもそも8月15日は日本では先祖の霊魂が帰ってくるお盆で、そのためラジオで戦没者慰霊番組を流すことが、太平洋戦争や日中戦争の開戦以前から定着していました。

しかしそんな〝英霊〟追悼行事を敗戦後も続けていては占領軍に睨まれるに決まって

覚のほうがおかしいと云うべきでしょう。もちろん、日本の敗戦が確定的になってから突然、中立条約を破棄して対日宣戦し、火事場泥棒的に攻め込んできたのは腹立たしいことですし、歯舞諸島だけは9月3日以降に上陸・占領しているという問題はあります。

[★15]もちろん天皇主義であるとも云えます。右翼ならそれでもいいのかもしれませんが（天皇主義であることはかまわないというだけで、〝一人前の男〟でありたいと日々精進しているであろう右翼の諸君にとっても、戦争の本来何たるかを知らない自閉的・自慰的で〝女子供のような〟

いますから、そういう命令があったわけでもないようですが、占領下では占領軍の意向を〝忖度《そんたく》〟して〝自粛〟されていたのです。

ともかく、占領が終わって〝言論の自由〟を手に入れてから、8月15日こそ終戦の日であるというキャンペーンが張られたことになります。

一つには、もともと戦没者を慰霊する日として定着していたこともあったでしょうが、何よりも〝9月2日〟を忘れたかったのだと考えられます。

9月2日は屈辱的な〝降伏〟の日です。9月2日をその種の記念日にしているかぎり、戦争に「負けた」という現実に直面させられてしまいます。そうではなく、戦争は単に「終わった」のだと思い込みたいわけです。

ちょうど天皇の玉音放送があったのが8月15日で、実際ほとんどの国民がそれで〝終戦〟（が近いこと）を知った事実はありましたから、好都合でした。マスコミは誰かれ問わず「あの放送はどこで聞きましたか？　それを聞いてどのようなお気持ちでしたか？」と訊いて回り、記事にして大量に垂れ流します。実際にはラジオの音が悪くて何が云われているのかよく聞き取れず、あまり印象に残ってない人も多かったはずなんですが、〝あの日〟のことを繰り返し問われ、マスコミが今でも災害報道など

「終戦」観は恥ずかしいはずです）、天皇制に批判的な左翼でさえ圧倒的大部分が8月15日を終戦の日だと思い込んでいるのは、無自覚な天皇主義でしかありえません。

で飽きもせずやっているように、それなりに感動的な美談なり悲話としてそれらが報じられるうちに、記憶なんてものはすり替えられていきます。

慈悲深い陛下が国民の苦境を見かねて「耐え難きを耐え、忍び難きを忍び」戦争を終わらせる決意を語ったので、〝一億玉砕〟の覚悟で最後まで戦うつもりだったが、陛下の思いに打たれてお言葉に従った、まあ結果としては負けたということになるのかもしれんが……と〝敗戦〟のトラウマは軽減されるというメカニズムです。

政府主催で8月15日に戦没者慰霊祭が最初に開催されたのは、なんと55年のことです。マスコミ各社が横並び一色で「終戦記念日」特集を最初におこなったのも、その同じ日です。

8月15日が〝終戦の日〟となったのは、敗戦から10年を経てのことだったのです。

55年体制

似たような例として、反核運動の始まりをめぐる錯覚もあります。

日本の反核運動について、その担い手たちがよく口にする〝ヒロシマ・ナガサキ以来の……〟というのは完全なる虚偽で、実際には55年前後からの歴史しかありません。なにせ前述のとおり、**占領下では原爆の話はタブーだったのです。**

主権回復後の54年に起きた「第五福竜丸事件」、つまり太平洋上でアメリカが水爆実験をやっているすぐ近くで操業していた日本の遠洋マグロ漁船が死の灰を浴び、帰国後に乗組員1名が死亡したという事件が、日本の反核運動の発端です。

〝ヒロシマ・ナガサキ以来〟ではないのです[★16]。

杉並区の主婦たちが反核署名運動を開始するなどの世論の高まりを背景に、広島で第1回目の「原水爆禁止世界大会」が開かれるのが、これまた55年のことです。

55年と云えば、日本版の冷戦構造である「**55年体制**」が成立した年でもあります。保守系の自由党と日本民主党が合同して自由民主党が生まれ、右派と左派とにほぼ別個の党として分裂していた社会党が統一を回復し、共産党が武装闘争時代の主流派幹部の大半を追放して穏健な議会進出路線への転換をおこなうのが、すべて55年です。

55年体制とは、自民党が常に国会の議席の過半数を制し、本気でやろうと思えば強行採決で何でも決められるが、社会党と共産党が計3分の1以上の議席を常に有して

[★16]〝ヒロシマ・ナガサキ以来〟という虚偽の物語は、占領下と主権回復後との間に厳然と存在する断絶を覆い隠してしまいます。〝戦争〟は45年8月15日以降も続いており、少なくとも52年4月28日までは、原爆を問題にすることさえ許されない軍事的圧政下に置かれていたのだ、という事実を見えなくさせるのです。

いるので改憲だけはできない、という体制だとも云えます。いずれにせよ自民党だってアメリカ様の意向には逆らえないのだし、選択しうる政策の幅はほとんど限られていて、すべてはその枠内で予定調和的に進められていきます。どうせ大胆な変革なんか何党だろうができないしやる気もない以上、それぞれの支持者たちには〝自民vs.社共〟で激しくぶつかっているように見せかけつつ水面下ではナアナアでやっている、という茶番を保障する体制でもあります。

〝終戦の日〟の問題も含めて、「戦後平和主義」とか「戦後民主主義」とか呼ばれるそうした欺瞞《ぎまん》的なシステムやイデオロギーは、あらゆる角度から見てまさしく55年に完成したと云えそうです［★17］。

そして実は、世界レベルでの「冷戦構造」の完成も、ほぼ同じ時期だったのではないかと考えられます。

「スターリン批判」（後述）で有名な第20回ソ連共産党大会が開催されたのが、56年2月のことです。ソ連が「平和共存」の新しい外交路線を打ち出すのも、この同じ大会です。

［★17］逆に、〝福祉国家〟的な社会保障政策はべつに敗戦を経て〝民主主義国家〟に生まれ変わったから実現したのではありません。20世紀的に変質した新しい戦争形態である「世界戦争」のプレイヤーたらんとすれば、〝銃後〟の国民生活の安定にも気を配る「総力戦体制」の構築が必須となります。日本はそのことに長らく気づきませんでしたが、アメリカとの決戦が不可避となっていく過程でようやく気がついて、その頃から急ごしらえで「総力戦体制」を整備し始めます。いわゆる「戦後」の日本の福祉政策は、その延長線上で初めて実現可能に

すでに核兵器を大量に保有し合う中で全面衝突をすれば、ソ連もアメリカも共倒れになることが目に見えているから、今後はどちらが国民を幸福にする豊かな社会を実現しうるかという競争で勝負をつけよう、というのがソ連がこの時に云い出した「平和共存」路線です（もちろんそれは建前で、実際は世界中の政治状況にアメリカもソ連もかなり汚ないやり口で介入し続け、時にはベトナム戦争やアフガン戦争などの局地的熱戦、いわゆる〝代理戦争〟に発展したりもするわけですが）。

49年の共産党政権成立まで続いた中国の内戦や、アメリカ側が原爆の使用まで検討した50〜53年の朝鮮戦争は、いわゆる第二次大戦から途切れなく続いた熱戦の自動運動的な展開でした。それらを踏まえてソ連の最高指導者フルシチョフが「平和共存」路線を打ち出した〝56年2月〟を、熱戦と冷戦の象徴的な境目と見なすことは可能でしょう。敵味方の構図が変わるだけでドンパチそのものは続いている〝45年〟をそう見るよりも、そのほうがずっと欺瞞がなく、現代史の真の展開が見えやすくなるはずです。

ちなみに〝冷戦構造の象徴〟のように云われたベルリンの壁は、なんと56年よりさらに後の61年に建設されています。

なったものであり、つまり〝戦時体制〟の産物に他なりません。〝失われたウン十年〟から脱却する努力の足を引っ張る元凶だ……というふうに、近年いわゆるネオリベ、むき出しの資本主義を良しとする「新自由主義」の立場から論じられていますが、彼らのけしからん立場や不純な動機はともかく、これまた一種、〝1945年〟に日本現代史の本質的な切断線など存在しない、という私の見解を補強する議論ではあります。

新左翼の誕生

詳しくは次章であらためて述べますが、56年は「新左翼」誕生の年でもあります。前述の第20回ソ連共産党大会で、「平和共存」の新路線の発表と共に世界を仰天させた「スターリン批判」が、その決定的なきっかけとなりました。

世界中が米ソの東西二大陣営に分かれて争い始めたいわゆる第二次大戦のいわゆる戦後の状況下にあって、当然、**資本主義陣営**（**西側**）**の反体制運動は共産主義陣営**（**東側**）**に与《くみ》するものとなります。**戦時下、とりわけ〝前線〟と〝銃後〟の区別を無意味化する20世紀的な世界戦争の戦時下においては、どちらの陣営にも与しない中立の立場なんてものは（**〝ファシズム陣営の復興を目指す〟というなら話は別ですが**）ありえません。好むと好まざるとにかかわらず、あるいは結果的・無自覚的にではあれ、反体制派は敵側陣営と結ぶ以外にないのです。

しかし、**「スターリン批判」の衝撃が状況を一変させます。**

ロシア革命を指導したレーニンは、政権樹立後わずか5年ほどで死去し、その後はスターリンがその後継者としてソ連を指導することになりますが、スターリンは徹底的なプロパガンダによって、ソ連こそは全人類の祖国とも云うべきユートピアであり、また自身がソ連を先頭とする世界共産主義運動の比類なき偉大な指導者であると、世界中の心ある（?）人々に信じ込ませることに成功しました。

その〝偉大な指導者〟スターリンが53年に死去し、フルシチョフがその地位を継ぎます。しかしあろうことかフルシチョフは、実際にはスターリンはとんでもない残虐非道な独裁者にすぎなかったことを暴露してしまうのです[★18]。これが56年の「スターリン批判」という歴史的大事件です。

世界中の共産主義者たちが大混乱に陥ったことは云うまでもありません。そしていわゆる「新左翼」が、日本を含む西側各国に誕生することになるわけです。

新左翼とは簡単に云えば、ソ連を否定する左翼です。ソ連と一心同体（というか〝手先〟）である自国の共産党も否定します。日本で云えば、日本共産党を否定し、これと袂《たもと》を分《わか》つ新しい左翼運動が、とくに若く血気盛んな学生たちを中心として急速に形成され始めるのです。

日本以上に共産党が強かったフランスやイタリアでもそうですし、もともと共産党

[★18] 正確には、ソ連共産党大会では報道関係者などを締め出しておこなわれた〝秘密報告〟としてのフルシチョフ演説の内容を、アメリカが察知して公開し、全世界が知るところとなりました。

など無きに等しかったイギリス、アメリカ、西ドイツでも、既存のリベラル派とは一線を画しつつ、かつ決してソ連派ではない、やはり「新左翼」と呼ばれる若者たちの運動が登場して急成長を始め、それが60年代後半の「スチューデント・パワー」、つまり学生運動の世界同時多発的な爆発的高揚の、西側における担い手となります。

〝新〟が付いていようが「左翼」というからには当然、資本主義＝アメリカニズムに対してても否定的です。もともと共産党が強かった国では共産党から分岐する形で登場することになりますから、新左翼は最初から反米ですが、アメリカやイギリスや西ドイツの新左翼運動も、自国政府の資本主義＝アメリカニズム路線には対決姿勢をとります。

先述のように仮に56年こそが冷戦の始まりの年だとすれば、冷戦構造は誕生するやいなや〝反米反ソ〟を掲げる「新左翼」による強力な抵抗にさらされ始めるということでもあります。

逆に云えば**新左翼運動とは〝冷戦構造下の反体制運動〟です。**

本質的な反体制運動は、その時代の状況を根底的に規定している構造に手をかけようとするものですから、**冷戦構造下で本質的な反体制運動たらんと志した新左翼運動**

が、どうしたって最終的には〝冷戦構造の破壊を目指す〟ことになるのは当然でしょう。

しかし私はさきほど、冷戦を含む20世紀の過酷な世界戦争の戦時体制下で、絶対的に対立する二陣営あるいは三陣営のいずれにも与しない〝中立〟の立場などありえないと述べました。いわゆる第二次大戦終結以降の米ソ二項対立の構図においては、米ソいずれの陣営にも与しないのであれば、敗退したと見えた（いわば〝隠れた第三項〟たる）ファシズム陣営の再興を目指す立場を選ぶ以外にないとも述べました。

まったくそうなのです。

実は私は現在では、**新左翼運動とは〝無自覚なファシズム運動〟であった**と考えています。

これまたトンデモ視されそうな見解であることはよく自覚しており、その含意《がんい》については次章以降で述べるつもりです。

20世紀の二つのサイクル

　ともあれ、56年に誕生した新左翼運動は、60年代後半（象徴的な年号としては〝68年〟）にピークを迎えます。日本で云えば、トンチンカンな誤解にさらされ不当に貶《おとし》められている「全共闘」運動の高揚期にあたります。

　世界の著名な知識人たちの間では、68年は〝二度目の世界革命の年〟だったという評価が定まりつつあります。詳細は省きますが、〝一度目〟はヨーロッパ中で革命運動が燃え盛り「ウィーン体制」の崩壊をもたらした１８４８年を指しますから、実に１２０年ぶりの、しかも狭いヨーロッパの枠内にとどまらない、真に世界規模の大変革の年だったというのです。また、68年（前後）の諸運動が冷戦構造に及ぼした打撃が、89年の冷戦崩壊として帰結したという見解も、べつにトンデモ視されることなく流通しているようです。

　つまり現代史に〝56年↓89年〟というワンサイクルが存在するという見方は、日本を除く（旧）西側先進国のインテリの間ではすでに常識化しつつあるわけです。

ではその一つ前の〝?年↓56年〟となりそうなワンサイクルの起点はどうかと云えば、やはりいわゆる第一次大戦の勃発の年、1914年ということになるでしょう。〝**14年↓56年**〟〝**56年↓89年**〟**という二つの大きな歴史のサイクルで20世紀は成り立っていると云えます。**

また、現代史研究の分野では、単なる年表的な区切りではない〝いかにも20世紀らしい時代〟という意味で、14年から89年を「短い20世紀」と呼ぶことが世界的に定着しつつあります［★19］。

そうした文脈ではもちろん、「反テロ戦争」＝「世界内戦」の時代に突入する前兆あるいは端緒だったと今では振り返ることができる湾岸危機の90年以降は、年表的には20世紀に属しながらも、実質的に〝いかにも21世紀らしい時代〟の側に含まれることになるであろうという予想が、含意されているわけです。

これを本章で述べてきたことと併せて整理し直してみましょう。

14年に始まり89年に終わる「世界大戦」の時代たる20世紀の歴史は、56年を境目として、前半の〝熱戦〟の時代と後半の〝冷戦〟の時代に大きく分けることができます。

［★19］〝いかにも19世紀らしい時代〟という意味で、フランス革命勃発の1789年から世界大戦勃発の1914年までを「長い19世紀」と形容するアイデアと、セットになっています。

歴史的な構造の分断線はあくまで56年にあり、45年などにはないのです。単に自国が戦争で負けたという衝撃を世界大に投影するような〝45年〟認識は、自閉的・自慰的でこっ恥ずかしい〝自国中心史観〟にすぎません[★20]。

第4章で述べる学生運動史の整理も、第5章で述べるファシズム思想の解釈も、私の見解はすべて、本章で述べた〝14年↓56年↓89年〟〝90年↓2001年↓?年〟というグローバル・スタンダードの（!?）歴史観に立脚しています。

[★20] 反テロ戦争が本格化した年である2001年ではなく、せめて（同様の事態に日本が先んじて突入していた）95年ですらなく、単に自国が巨大な災害に見舞われたというだけの2011年を、まるで世界史を〝それ以前／以後〟に区切りうる重大な節目となったかのように云ってハシャいでいた、日本の〝井の中の左派インテリ〟諸君のそれも同様です。

第4章 学生運動史入門

熱戦下／冷戦下の学生運動

これまで書かれた学生運動史の本は、たいてい日本の敗戦、つまり1945年から書き起こされています。たまに大正デモクラシー期の、日本で最初の本格的な学生運動団体である「新人会」（東大）や「建設者同盟」（早大）などに触れている場合もありますが、前フリにすぎず、「戦前」と「戦後」[★1]の間には大きな断絶があって、敗戦による軍国主義から民主主義への大転換を追い風に、日本の学生運動は45年にはほとんどゼロからスタートしたように書いてあります。

しかしそれらの本でも、〝戦後〟学生運動史（を含む〝戦後〟左翼運動史）の大きな節目が、まずは56年にあることが必ず強調されています。前章で述べたとおり、「スターリン批判」という世界史的大事件が起きた年です。

あらためて前章のおさらいをすれば、いわゆる第一次大戦が（と、前章の論旨を反映させて「いわゆる」をいちいち付けると読みづらいでしょうから、以下、本章・次章では単に「第一次大戦」「第二次大戦」としておきます）勃発した14年から冷戦が崩壊した89年まで

［★1］カギカッコを付けるのは、もちろん前章で述べたように、私が〝1945年以前／以後〟という歴史の区切り方に疑問を抱いているからです。

の約75年間が〝いかにも20世紀らしい時代〟という意味での20世紀で、それは大きく前半の〝熱戦〟期と後半の〝冷戦〟期に分けることができます。そしてその境目は45年ではなく、本当は56年にあります。

したがって20世紀の学生運動についても、56年以前のそれは〝熱戦下の学生運動〟であり、56年以後のそれは〝冷戦下の学生運動〟であると考えることができるはずです。

いずれにせよ、それらは、共存しえない米ソ二大陣営（もしくはさらにファシズムを加えた三大陣営）が唯一の最終勝者の座を賭けて争う「世界大戦」における戦時体制下の運動です。戦時下に〝中立〟などという曖昧な政治的立場が存在する余地はなく、学生運動に限らずあらゆる運動は、好むと好まざるとにかかわらず、あるいは自覚の有無にかかわらず、いずれかの陣営に従属するものとならざるを得ません。

本来であれば日本の学生運動史も、14年から56年に至る〝熱戦期の学生運動〟の経緯がひとつながりのものとして叙述され[★2]、またそれとは根本的に異なる56年から89年までの〝冷戦期の学生運動〟が同様にひとつながりのものとして叙述されるべきでしょう。

[★2]「14年から」というのは、実際には第一次大戦の結果＝廃墟からすべてが始まるわけですから、「18年から」ということになるでしょう。〝戦間期〟の先進諸国には左右のラジカルな「戦後思潮」が生じますが、第一次大戦を対岸の火事としてやり過ごし、その衝撃があまりよく身に染みていなかった日本にも、そのぶんヌルい日本版として「大正デモクラシー」の時代が到来しました。東大・新人会などもそういった時代の空気の中で生まれ、あっというまにソ連陣営の一端に組み込まれるのですから、〝日本の学生運動〟がほぼイコール日本共

しかし、そういう学生運動の通史は、現在まで書かれていません。

本書では、主に〝68年〟の話をしたいので、冷戦期の学生運動（56〜89年）を中心に話を進めます。

これから何らかの運動を担うかもしれない読者が知っておくべき、あくまで最低限の流れを押さえましょうというもので、そんなに詳しく解説するわけではないことを最初に断っておきます。

前衛党とは？

熱戦期の日本の学生運動は、（45年までは顕在的に、45年以後も潜在的には）〝資本主義vs.共産主義vs.ファシズム〟という三鼎対立の構図で、共産主義陣営（ソ連陣営）に与するものでした。

18年に結成された東大・新人会は、みるみる共産主義者の巣窟《そうくつ》となり、とくに22年

産党の指導下にあった時代〟として、以後56年までの〝熱戦期の学生運動史〟を一貫した構図のもとに描くことは可能なはずです。

の日本共産党結成以降は、東大の学生運動は（新人会は弾圧によって29年に解散しますが）同党指導者の一大供給地と化します[★3]。35年の共産党の完全壊滅を経て、45年の敗戦を機に学生運動が全国的に、相変わらず東大生たちを指導層として復活して以降も、東大の学生運動は依然として、同じく45年に復活した共産党の傘下であり続けます。というか、**敗戦後しばらくの学生運動を牽引《けんいん》した東大生たちは、イコール若い共産党員たちであり、もちろん彼ら学生党員は共産党本体に指導されていました。**そしてその日本共産党がソ連に（実質的に）指導されていたこともまた、まぎれもない事実です。

そんな状況下で、56年、スターリン批判の衝撃が日本にも波及します。

もっとも日本の場合、前章でも少し言及したように、51〜53年のムチャな武装闘争や、それを〝誤り〟だったとして真逆の極端な軟弱路線への転換を宣言した55年の「六全協決議」といった、党指導部の右往左往に闘争の最前線で振り回された学生党員たちの反発が、もともと渦巻いていました。そういう下地があったところにスターリン批判が起きた、という時系列になります。

細かい事情は各国ごとにいろいろありますが、ともかくスターリン批判の衝撃を受

[★3] 一方でもちろん、ファシズム的な右翼学生運動も東大・新人会と同時期に対抗的に誕生し、それなりの展開をしますが、本書では〝68年〟をピークとする〝新左翼〟学生運動の解説が主目的であるため、その登場経緯と無関係な右翼学生運動史は省略します。

け、西側先進諸国で同時発生的に、〝ソ連および自国共産党を否定する左翼〟つまり「新左翼」が誕生したのです。

日本でも、日本共産党に代わる「前衛党」として、「革命的共産主義者同盟」と、（〝革命的〟のつかない）「共産主義者同盟」が、50年代末に相次いで結成されました。前者は略して通称「**革共同**」、後者は（〝党＝パルタイ〟とは違う〝同盟〟を意味するドイツ語から）「**ブント**」と通称されます。いずれもメンバーのほとんどは血気盛んな若者、つまり学生たちでした[★4]。

ここで、「前衛党」という言葉を説明しておく必要があるでしょう。

マルクス・レーニン主義では、革命のためにはそれを指導する「前衛党」の存在が必要不可欠とされます。前章でも述べたとおり、マルクス・レーニン主義は（少なくとも主観的には）普遍的正義、つまり真理です。したがって前衛党は一つしか存在しえません。**正義がいくつもあるのならそれは〝普遍的〟とは云えませんから、普遍的正義を体現する前衛党も、複数存在することは論理的にあり得ないのです。**「前衛党」とはそういう存在です。

[★4] 革共同のほうは、もともと少数の異端的な在野のインテリ左翼によって結成され、当初は学生ではなく30歳前後の〝若者〟たちが中心でしたが、まもなく急成長する際の新規メンバーの圧倒的大部分は学生です。

56年は西側先進国共通の〝新左翼誕生の年〟ですが、ほとんどの国では、新左翼がすぐさま社会的影響力を持つわけではありません。

しかし日本では、新左翼は誕生するや、いきなり大きな闘争の主役として一躍注目を浴び、社会的にも重要な存在となります。大きな闘争とは「60年安保闘争」であり、その主役として注目を浴びたのは先に挙げた二つの新左翼組織のうちの後者、「共産主義者同盟（ブント）」です。

安保闘争を議会政治の駆け引きに利用することしか考えなかった日本共産党とは違い、血気盛んな若者たちの組織だったブントは、後先を考えていないとしか思えない過激な玉砕戦術を採用しました。国会突入（建物ではなく敷地内への突入）などのド派手なパフォーマンスを繰り返し、当然自滅したのですが、少なくともカッコ良かったので、一躍〝時代のヒーロー〟となったのです。

ブントが大活躍したこの60年安保闘争の意義は、〝前衛党神話の崩壊〟をもたらしたことだと云われます。日本共産党が唯一無二の前衛党であるという〝神話〟を崩壊させる出来事だった、という意味です。

ここで勘違いをしてはいけません。この時点で崩壊したのは「革命には前衛党が必要だ」という神話ではなく、「日本共産党こそまさにその前衛党である」という神話です。前衛党の必要性そのものは、革共同に結集した人たちも、ブントに結集した人たちも、固く信じ続けています。もちろん革共同の人たちは革共同こそが、ブントの人たちはブントこそが、日本の革命運動を指導する唯一無二の前衛党であると考えているわけです。共産党を含めて三者とも、自分たち以外の二者は前衛党を僭称《せんしょう》する〝ニセの前衛党〟だと見なしています。

前衛党神話の（真の）崩壊

そして実は、こうした歴史を踏まえるために何度も復唱してでも暗記しておくべき、〝56年→68年→89年〟といういわば〝三つの重要な年号〟の二つ目である**〝68年〟の運動こそが、この「革命には前衛党が必要だ」という神話を破壊する役割を担ったのです。**

このことは、とくに欧米の〃68年〃の諸運動に関しては、ちょっと調べれば誰でも気づくような話にすぎないんですが、日本のそれでは非常に見えにくいものになってしまっています。

日本の〃68年の運動〃とは要は「全共闘」のことですが、全共闘の話といえば〃中核派が、赤軍派が……〃と党派（つまり前衛党）の話ばかりになりがちなことにも、それが現れています。しかし、**日本においても全共闘運動の主役はあくまで「ノンセクト・ラジカル」です。**どの党派《セクト》にも所属していない、云わば〃個人的過激派〃の人々のことです。

〃68年〃の運動は、世界的にも日本国内でも、その中心を担ったのはこのノンセクト・ラジカルなのだということを踏み外さないようにしてください。

ただ、それでも日本の事情はやはり特殊で、その結果として日本では〃68年〃に関する認識が混乱してもいるわけで、ここからは少し丁寧に経緯を追っていきます。

先に述べたとおり、60年安保闘争を経ても、「革命には前衛党が必要だ」という神話はまだ生きていました。自称・前衛党が共産党と革共同とブントの三つぐらいであるうちはまだ、うち二つは〝ニセの前衛党〟なのだということにして、神話を守り続けることもそれほど難しくなかったのかもしれません。

しかし、60年代前半の過程[★5]で状況が錯綜《さくそう》してきます。

まず、安保闘争敗北後すぐに、ブントが四分五裂の状態になります。その一部が流れ込んできたことが却って革共同を混乱させたのか、まもなく革共同も二つに割れてしまいます（ちなみに、それが以後現在まで新左翼の二大党派として生き残ることになる中核派と革マル派です）。革共同への合流を拒んだ部分によってブントの再建が目指されますが、その過程での対立が高じてますます多くの組織に分裂、ということを繰り返し、結果として〝ブント系〟の諸党派が乱立します。

さらに共産党からも、先の二つに遅れて党に愛想を尽かした人々が新たに分裂してきて、また別個に革命組織が立ち上げられます（複数あり、総称して「構改派」）。共産党より穏健で中途半端な左翼政党だと見なされていた社会党からも、学生党員の一部が過激化して飛び出します（「解放派」）。

それぞれが離合集散を繰り返し、60年代半ばを過ぎる頃には自称・前衛党の数は10派ではきかなくなります[★6]。これで**〝10以上ある自称・前衛党のうちどれか一つが**

[★5] 60年安保闘争の敗北後、デモや集会に人が集まらず、それどころか諸党派がただ抗争に明け暮れるばかりだった数年間は、学生運動の〝冬の時代〟と呼ばれました。誤解している人が多いのですが、べつに60年代を通して学生運動が盛り上がりっぱなしだったわけではありません。

[★6] 正確には、これらのうち解放派は「マルクス・レーニン主義」ではなく、レーニンと対立したドイツの女性革命家に依拠する「マルクス・ローザ主義」を掲げており、レーニン理論に由来する「前衛党」は自称していません。しかし、レーニン主義の諸党派

真に唯一無二の前衛党だ〟という神話を信じろという方が無理でしょう。「革命には前衛党が必要だ」という前提自体が、次第に胡散臭《うさんくさ》いものに思えてきます。

そこで、主観的にはマルクス・レーニン主義を信奉する革命派ではあっても、とりあえずどこの党派にも属さないノンセクト・ラジカルの存在が次第に目立ってくるのです。このことが、学生運動の形態にも大きく影響し始めました。

「全学連」と「全共闘」

60年代半ばぐらいまでは、学生運動の中心組織は各大学の「自治会」です。自治会は大学機構の一部であり、公的組織です。べつに最初から学生運動のために作られた組織ではありませんが、学生の要望をとりまとめて大学当局や教授会などと交渉する役割もありますから、自然、自治会が学生運動の中心になります。公的な組織である自治会を通して提出された学生の要求は、当局や教授会の側もムゲにはできません。

と抗争を続けるうちに悪影響を受け、とくにのち70年代に入ると、解放派（の主流派）もその振る舞いにおいて典型的な〝悪しき前衛党〟と化していきます。

前衛党が共産党しかなかった時代には、共産党の学生党員が自治会の執行部を握ることで、事実上、共産党が学生運動そのものを指導していたわけです。ところが、50年代末に共産党以外の前衛党が、しかも学生を中心に結成され始めると、共産党はこのシステムを維持できなくなります。

ブントや革共同が掌握する自治会があちこちの大学に誕生し、共産党はむしろ学生運動の〝反主流派〟に転落してしまいます[★7]。

「全学連」という言葉を聞いたことのある人も多いでしょう。「全日本学生自治会総連合」の略で、48年に結成された、その名のとおり各大学の自治会が連合した全国組織です。

若者はいつの時代も（まあ最近の日本を特殊な例外として）血気盛んであり、占領下で初めて公然と「占領軍」や「アメリカ帝国主義」を批判するデモを、50年に敢行したのも全学連傘下の都学連です。そして一方、これら学生たちの果敢な行動を「弾圧を招く」とか「広範な支持を得られなくなる」などと云って（「挑発者」さらには「敵のスパイ」呼ばわりさえ頻繁におこなって）常に抑えつけてきたのが日本共産党指導部で

[★7] 60年安保闘争の前後に書かれた文章で「全学連主流派」とあればブント系あるいは広く新左翼系、「反主流派」とあれば共産党系の意味です。

あり、全学連中枢の学生党員たちと党中央の間には、全学連結成の当初から深刻な対立が繰り返し起きてもいました。

ともかく、66、67年頃までの学生運動の中心には全学連があり、全学連の執行部を握ることは日本の学生運動全体の主導権を握ることを意味していました。このため、自称〝前衛党〟の各派は躍起になって全学連の執行部人事を自派で独占しようとしたのです。

ただし、本当にそうだったのは60年安保闘争の頃までで、反主流派に転落した日本共産党系の自治会は全学連を脱退し、まもなく共産党系の全学連を別個に立ち上げ始めます。本家の全学連のほうも、ブントが消滅し革共同が中核派と革マル派に分裂すると革マル派の傘下になり、これとは別個にやがて、解放派・中核派そして復活したブントの共闘による「三派全学連」[★8]が結成されます。しかも、ここからやがて中核派が離脱して独自の「中核派系全学連」を作ったり……ややこしいことこの上ありません。

要は全学連そのものがいくつもある状況が生まれ、〝全学連の主導権を掌握する〟

[★8] 党派部隊どうしの乱闘に使用されていた角材が初めて機動隊に向けられ、そんな事態を予想していなかった機動隊側を逃げ惑わせた67年10月8日の「羽田闘争」を担ったのが、その前年に結成された「三派全学連」です。この「羽田闘争」以後、〝ヘルメット姿の過激派学生〟が街頭で機動隊と衝突する光景が日常化します。

ことは各党派にとって、例えば〝中核派が中核派系全学連の主導権を掌握している〟といった同語反復的な意味しかない無意味になるのです。

しかしそれでも個別の大学自治会の執行部を握ることは引き続き重要でした。ある大学の自治会を新たに握れば、自派系全学連を構成する個別自治会がそれだけ増えることになるからです。したがって、各大学の自治会は諸党派の政争の場になります。一般の学生たちの要求を集約することよりも、党派の利害を優先する空気が濃厚になるのです。

次第に勢力を増してきたノンセクト・ラジカルの学生たちにとっては、自治会の存在は極めてバカバカしいものに感じられ始めます。「学費値上げ反対」や「サークル棟の建て替え反対」など、各党派には政争の具にすぎないが、一般学生にとって切実な問題は、自治会を通して運動を進めるよりも、イシューごとの専用の組織を（自治会とは別個に）立ち上げた方がいい、ということになります。

そこで60年代半ば以降、各大学にポツポツと登場し始めるのが、個別の要求のために有志で構成された「全学闘争委員会」や「全学共闘会議」など、実は組織名は大学によってバラバラなんですが、65〜66年の早大・学費闘争で注目された「全学共闘会議」の名で最終的には通称・総称されることになる、つまり「**全共闘**」運動です［★9］。

いったん整理しておきましょう。

「自治会」は各大学の公的機関、大学機構の正式な一部であり、「全学連」はそうした個別自治会を束ねる連合組織です［★10］。

これに対して「全共闘」は、単に学生たちが有志で勝手に結成した、公的・制度的な裏付けのない、いわば任意団体です。

自治会の会員は、多くの場合その大学の学生全員です。当時ほとんどの大学では、入学時に大学当局が学生から自治会費を代理徴収し、まとめて自治会に渡していました。だから各党派にとって個別自治会の主導権を握ることは、自動的に多額の活動資金を確保できる手段でもあったわけですが、全共闘にそんな仕組みはありません。

また、自治会には一応、執行部の選出や議決の方法などに関して（往々にして支配党派が暴力的に死文化させるにしても）明文化された規約がありますが、全共闘にはそれもありません。

要するに全共闘は、〝やりたいことをやりたい奴だけで勝手にやる〟ための組織で

［★9］60年代末の学生運動の高揚は「70年安保闘争」とも呼ばれます。しかしそれは、主には諸党派の側からの呼び方です。新左翼諸党派のほとんどは（ブントや革共同のみならず、60年安保の時点ではまだ社会党内にいた解放派や共産党内にいた構改派なども含めて）、60年安保闘争の鮮烈な印象を原体験的に保持していました。60年に締結された安保条約には、10年後（以降）には日米どちらかの一方的通告によって破棄できるという条項があり、したがって諸党派は、70年には当然「破棄通告しろ」という要求を掲げて〝安保闘争〟が再び高揚する

した。

「わだつみの像」破壊事件

「プレ全共闘」と呼ばれる、全共闘方式が各大学に浸透し自覚的に追求される以前の萌芽的な闘争が65年頃からいくつかの大学で始まります。それまで日本の学生運動を主導してきた東大や京大ではなく、まずは（東大と並んで大正デモクラシーの昔から学生運動のメッカだった早大はともかく）慶大・中大・明大などの私大や、横国大や高崎経済大などの地方国公立大で突如として激しい闘争が勃発し、それらが連鎖反応的にあちこちの大学に飛び火していくのも、全共闘運動の斬新な点でした。

67年頃には、全共闘方式こそが全学連＝公的自治会に代わる日本の学生運動の中心的な闘争形態となります。68、69年がそのピークで、**もっとも熾烈《しれつ》な闘争となった日大全共闘での、学生側の要求を大学当局に丸呑みさせた一瞬の勝利が68年9月、**若い人たちでもその映像ぐらいは何かで見たことがあるだろう、**安田講堂での東大全共闘**

はずだ、と自らに云い聞かせることで、60年代前半の〝冬の時代〟を耐え忍んだようです。学生運動が〝冬の時代〟をようやく抜けて、「プレ全共闘」の諸闘争が連鎖反応的に起きたり、諸党派の街頭政治闘争を牽引する「三派全学連」の結成に向かう動きが本格化するのが65年ですが、しかし〝安保闘争よもう一度〟的なメンタリティから脱却できない諸党派の目には、それらはもちろん、〝68年〟のピーク時の展開さえ、やはり〝70年〟に向かう高揚が現実のものとなってきた……かのように映りました。実際には諸党派が夢想した「70年安保闘争」なん

と機動隊との攻防戦が69年1月のことです。

ちなみに、映像が派手なので当時を回想するテレビの特集などで繰り返し使われるせいで、全共闘と云えば〝安田講堂攻防戦〟の東大が中心だと誤解している人が多いかもしれませんが、当時もっとも英雄的に称えられたのは日大全共闘（中でも芸術学部闘争委員会）です。

さらに云えば全共闘運動には〝この大学がそう〟と云えるような中心はありません。各大学でそれぞれ勝手に結成されて（当時の全国の8割方の大学、つまり国公立と私立の別を問わず、学力レベルすら問わず、女子大や理系の単科大なども含めて、「こんなところでも？」というぐらい大半の大学で、さらには多くの主に高偏差値の高校や、稀に中学でも、全共闘は暴れていました）、それぞれ勝手に闘争を展開していたのですから〝中心がない〟のは当然です。

全共闘によるもっとも重要な提起は「戦後民主主義批判」でしょう。

若者たちによる反戦運動を世界的に高揚させ、もちろん当時の日本の（党派・無党派を問わず）新左翼にとっても最重要テーマの一つだった、ベトナム戦争が、その契

てものは不発に終わりましたし、60年安保闘争を経験しておらず妙な思い入れもない世代が大部分を占めたノンセクト・ラジカルの感覚では、60年代末に高揚したのは「70年安保闘争」ではなく、あくまで「全共闘運動」です。

［★10］個別自治会は各大学の公的機関ですが、全学連はそれらが学外で勝手につながっているだけの非公式団体です。

機でした。

もはや日本はアメリカに協力する形で第三世界を侵略する加害者となっており、それまで主流だった「徴兵されたり空襲に逃げ惑ったり、さんざんな目に遭った」という〝被害者意識〟に基づく反戦運動＝**「戦後平和主義」への疑問**が生まれてきたのです。そこから出発して、「そういえば〝かつての戦争〟でも日本は中国や朝鮮に対する加害者ではなかったか?」という問題意識も芽生え始めます。

また同時に、〝戦後の平和で民主的な社会〟なるものが、実際には一種の戦時体制に他ならないという端的な事実にも、ついに学生たちは気づき始めました。

あるいは、日本を含む西側先進国で実現した**〝豊かな社会〟も、結局は〝冷戦というれっきとした戦争〟を支える兵站《へいたん》の必要から目的意識的に形成されたものにすぎない**（〝豊か〟でなければ、いつ終わるとも知れない持久戦・消耗戦には勝利できないわけです[★11]）、ということに気づく学生もいたでしょう。

全共闘が掲げた「戦後民主主義批判」というスローガンは、何よりもまずそうした欺瞞の告発を意味していました。

[★11] 冷戦が終結すると、国民の大多数がそれなりに安定した生活を送れる〝豊かな社会〟を維持しなければならない必然性はなくなり、格差拡大が放置される〝むき出しの資本主義〟＝新自由主義の時代が到来しました。

学長すらシンパだった共産党の一大拠点・立命館大学で、東大・安田講堂攻防戦よりも後の69年5月に起きた「わだつみの像」破壊事件こそ、質の面における全共闘運動のピークだったと私は考えています。

この事件は、共産党を含む〝戦後民主主義〟派を激怒させました。しかし、全共闘の論理からすれば、そのような像（戦没学生をただセンチメンタルに追悼する彫像）は**〝被害者意識からしか戦争を語れない欺瞞的な戦後平和主義〟**を象徴するものでしかなく、破壊されるべきだったのです。

こうして〝68年〟の日本の学生たちは、自国の〝戦後史〟の欺瞞を攻撃するところまで到達したということが重要です。この点で日本の〝68年〟の運動は、他の西側先進諸国のそれよりもはるかに革命的だったとさえ云えます[★12]。

もっとも、全共闘が〝あまりに革命的〟だったことは後続世代による理解をますます困難にし、それが、日本では他の西側先進諸国と異なり、〝68年〟が今なお左派界隈においても貶められ続けている原因の一つでもあるでしょう。

[★12] 例えば米ソの旧敵国として日本と似たような国際的立場にあったはずの西ドイツの〝68年〟においては、若者たちはかつてヒトラー政権の成立を許した大人たちへの不信感を露わにし、大人たちは街頭で暴れまわる若者たちの姿にナチス青年運動の再来を感じ取って怯え、それこそ〝戦後民主主義〟的に互いに相手を「ナチ」呼ばわりすることに終始したようです。〝戦後民主主義〟の象徴的な知識人たる丸山眞男の研究室に乱入し、丸山に「こんな暴挙はかつての日本軍国主義もナチスですらもやらなかった」と非難されて、すかさず「そんなこと

機動隊の導入

話を戻します。

繰り返すように、全共闘運動を主導したのはノンセクト・ラジカルの学生たちでした。しかし、全共闘方式が学生運動の中心という展開になると、各党派もこれを無視できず、慌てて介入し始めます。「我々も全共闘の一員として参加させてくれ」というわけです。

もちろんノンセクト・ラジカルの学生たちは、諸党派に対して、自治会を形骸化させられたなどの反感を抱いていたでしょうが、全共闘にはそもそも規約がないのですから、参加したいと云う者を参加させない根拠もありません。全共闘に敵意を持っていた共産党[★13]を除く、あらゆる党派が全共闘運動に参入することになりました。

とはいえ全共闘では、ノンセクト・ラジカルの学生も党派の学生も、個人として対等です。公認自治会と違って議決の方法すら決まっていないので、党派が得意とする謀略的な多数派工作も役に立ちません。**全共闘の会議では、多数決のような議決もな**

を云う奴をこそ追放するために我々は来たのだ」と云い放った東大全共闘とはえらい違いです。

[★13]〝新左翼〟のあらゆる運動を憎んだ共産党は、〝自称前衛党〟ではないノンセクト・ラジカル中心の全共闘にも、牧歌的な〝プレ全共闘〟期はともかく、ピーク期には敵対姿勢で臨みました。いわゆる「内ゲバ」も、本格的には、〝共産党系学生vs.全共闘学生〟という構図での集団戦として全共闘運動のピーク期に日常化し始めたもので、新左翼党派間のそれがメインとなるのは73年あたりからです。

く、時間無制限で議論が延々と続き、その場の勢いで何となく闘争方針が決まっていくだけです。しかも、個々のメンバーがその決定に従う義務もないわけですから、議論の過程でそれぞれが「自分はこうする」という決意を固め、それを各自、実行に移していくだけの話です。「やってられん」と思えば勝手に抜けるのも自由です。

これでは党派が主導権を握れるはずもありません。全共闘運動は、あくまでノンセクト・ラジカルの優位のもと、形態としては「ノンセクト・ラジカルと諸党派の共闘」として推移していくわけです[★14]。

ところが闘争が激化し、大学当局が自力で学生たちと向き合うことを諦めて機動隊を導入するようになると次第に状況が変わってきます。

各大学に築かれたバリケードは機動隊によって次々と解除され、さすがの全共闘学生たちの間にも無力感や厭戦気分が蔓延し始めます。こうなってくると、組織的に武装し、またメンバーに闘争継続を命令しうる党派の存在感が大きくなるわけです。

かつての自治会と同様、全共闘もまた各党派の政争の場と化します。それが69年夏ごろからの状況です。

[★14] 日本の〝68年〟は、正確には、（★8で言及したような）諸党派とくに三派全学連が主導する街頭政治闘争と、ノンセクト・ラジカルが主導する各大学での全共闘運動とが、相互に結びつきながらエスカレートしていくというものです。他の西側諸国と違って、新左翼が誕生するやいなや60年安保闘争という大きな闘争の主役となり、早い段階で量的に成長した結果、数百人、数千人規模の〝巨大な新左翼党派〟という他の西側諸国の〝68年〟には存在しないものが日本の〝68年〟にはいくつも存在してしまいます。主役はあくまでノンセクト・ラジカル

「華青闘告発」事件

ノンセクト・ラジカル優位で、前衛党なんか要らないのだという、真の意味での「前衛党神話の崩壊」を実現したかに見えた日本版〝68年〟の全共闘運動も、後退ムードの中で党派政治の復活を許し、元《もと》の木阿弥《もくあみ》となりそうな気配が濃厚でした。

そこに勃発したのが、全共闘運動のターニング・ポイントとなる「**華青闘告発**《かせいとう》」事**件**です。70年7月7日の出来事なので「**七・七告発**」とも呼ばれます。

「華青闘」というのは、正式名称を「華僑青年闘争委員会」という、在日中国人のグループです。7月7日は、中国に対する〝日本の侵略戦争〟の発端とされる盧溝橋《ろこうきょう》事件（37年に起き日中戦争に発展）の記念日で、この日に合わせて「全国全共闘」や「華青闘」など、いくつかの団体の共催で反戦集会が予定されていました。

ちなみに「全国全共闘」とは、そもそも各大学で個別に展開されていた全共闘を、一つの勢力にまとめ上げるために69年9月に結成されたものです。つまり、〝それぞ

ですが、複数の〝巨大な新左翼党派〟もそれなりに（必ずしもマイナスばかりではない）重要な役割を果たすのです。そうした諸党派の〝存在感〟が、日本における〝68年〟理解を難しくしています。

れが勝手にやりたいようにやる〃的な、闘争スタイルとしての全共闘の画期性を無化し、のちに〃全共闘運動の事実上の終焉〃とさえ評されることになる、もちろん党派主導の組織（というか諸党派の政争の場）です。

ところがその反戦集会の準備過程で、複雑な経緯があり、華青闘は共催の立場を降りてしまいます。そして集会当日、華青闘のメンバーや華青闘を支援する日本人学生たちは、開会前に壇上を占拠し、日本の新左翼運動総体、とりわけ諸党派を激烈に批判する演説を始めるのです。

それは、**日本の新左翼がうわべでは〃侵略戦争反対〃などと云いながら、実態としては、いかに在日中国人や在日朝鮮人の反差別運動を軽視し、時に敵対するような言動を繰り返してきたかを徹底批判する内容**でした。

諸党派による全共闘運動の引き回しに嫌悪感を募らせていたノンセクト・ラジカルの学生たちもこれに同調し、党派主導の予定調和の反戦集会になるはずだった〃七・七集会〃は、突如として諸党派への糾弾集会と化したわけです。各党派の指導者たちは壇上に引き出され、吊るし上げられて、最終的には「坊主懺悔《ぼうずざんげ》」とまで形容された（つまり〃平謝り〃的な）自己批判を余儀なくされました。

ここに至ってようやく、他の西欧先進諸国と同様に、〝68年〟におけるノンセクト・ラジカルの優位、真の意味での「前衛党神話の崩壊」が、日本でも決定的となったのです。

分かりにくいでしょうから、もう少し突っ込んで説明します。**華青闘告発とは要するに、〝マイノリティの反差別運動〟が革命運動、反体制運動の中心に躍り出るきっかけとなった事件です**[★15]。華青闘が直接的に問題にしたのは、在日中国人・在日朝鮮人への差別ですが、日本には他にもさまざまなマイノリティが存在します。部落、障害者、琉球・アイヌ民族……などなど。数的にはマイノリティではありませんが、差別問題という意味では女性解放運動もこれに連なりますし、やがて同性愛者の運動も登場します。

従来の革命運動では、それらさまざまの〝問題〟は、マルクス・レーニン主義の「前衛党」が取り組むべき諸課題の一部を構成するものにすぎませんでした。前衛党はあらゆる社会問題の解決を一手に引き受ける万能の存在であり、マイノリティの問題も含むさまざまの〝個別課題〟は、前衛党の掲げる体系的な革命理論の中に統合さ

[★15]全共闘運動・ベトナム反戦運動の過程で〝加害者としての私たち日本人〟という問題意識が芽生え始めていたからこそ、華青闘告発も〝まったくおっしゃる通りです〟と受け入れられたのだと云えるでしょう。ところで読者の中には、第1章では正義感ではなく被害者意識に立脚せよと述べておいて、本章では〝被害者意識からしか戦争を語れない欺瞞的な戦後平和主義〟を攻撃した全共闘を肯定的に論じているのは、矛盾ではないかと感じた鋭い人もいるかもしれません。たしかに矛盾です。実際、華青闘告発を受け入れた結果、新左翼運動は自他の差

れているはずだったのです。

華青闘が突きつけたのは、そうした「前衛党」幻想の虚構性でした[★16]。

さまざまの〝個別課題〟にはそれぞれ固有のベクトルがあり、単一の〝革命理論〟の体系に組み入れられうるような性質のものではない、というまさに〝自称前衛党〟への全否定を意味するものだったのです。しかもその論理を新左翼諸党派自身に認めさせた[★17]事件だからこそ、華青闘告発は画期的な出来事でした。

そうなると、反差別運動のみならず、あらゆる〝個別課題〟に同様の問題意識が拡大していきます。公害企業を告発する水俣病患者の運動も、成田空港建設反対の三《さん》里《り》塚《づか》の農民の運動も、山《さん》谷《や》や釜《かま》ヶ《が》崎《さき》などの最底辺労働者の運動も、さらには当然、各大学で取り組まれている学生たちのさまざまな〝個別要求〟も、諸党派が掲げる〝革命理論の体系〟に一方的に包《ほう》摂《せつ》されてたまるか、という話になるわけです。

〝68年〟を経た70年代以降、〝あらゆる問題を統括して一手に引き受ける前衛党〟を中心に持たない、さまざまの〝個別課題〟を独自に追求する大小無数の団体や個人が何となくグラデーションをなして連帯しているような、していないような、〝曖昧な全体〟がそれ自体として革命運動の現在である、というふうな認識が世界的な〝常

別的言動の摘発に情熱を注ぐ〝正義の運動〟へと変質し、魅力を失っていくのです。したがってこれは、「〝正しい〟ことは果たして〝良い〟（結果をもたらす）のか？」という脳味噌が歪むような難問をもたらすテーマです。ただ一方で、全共闘による〝戦後民主主義批判〟も、そもそもは「〝平和で民主的な戦後社会〟は我々には非常に息苦しい」という〝被害者意識〟に発していたはずです。しかしそれが試行錯誤の結果、（まあ「自己否定」というのも全共闘の代表的なスローガンの一つではありましたが）まさにその〝被害者意識〟こそが批判の対象

識〃となります。

　これを理論化する試みが、文系の学生なら必ず押さえておかなければならない（はずの）、ミシェル・フーコーやらドゥルーズ&ガタリやらジャック・デリダやら何やら、最近ではネグリ&ハートの「マルチチュード」理論などのいわゆる「**ポストモダン思想**」なのです。「マルチチュード」とは日本語で云えば「有象無象《うぞうむぞう》」のニュアンスで、〃簡単にひとくくりにできない多種多様な諸個人・諸団体の諸運動〃ということです。

　ある程度は勉強している学生なら、ポストモダン思想に関連してよく云われる「**大きな物語の終焉**」というお決まりのフレーズを知っているかもしれません。これも本来の文脈に引きつけて云えば、〃あらゆる課題を一手に引き受ける前衛党の革命理論体系〃が要するに「大きな物語」です。**〃68年〃以後は、個別課題の解決を散文的に追求する「小さな物語」がそれぞれに紡《つむ》がれ、革命はただその総体として何となくある、あるいは〃総体〃などという発想をすること自体がナンセンスであると見なされるのです。**

　この脈絡が分かると、70年代以降の日本の学生運動史は、世間一般に広く流布しているそれとはまったく違って見えてきます。〃世間一般に流布《るふ》している図式〃は、ア

とされるに至るという、ややこしい展開をするわけです。

［★16］華青闘というグループ自体は実は単なる毛沢東信奉者の集団で、したがって（中国共産党という）「前衛党」を否定する立場であったはずもないんですが、華青闘の主観的意図はともかく、「マイノリティ」という問題を突きつけられた新左翼活動家の多くが、それを契機として〃前衛党幻想〃の虚構性を明確に認識した、ということです。

［★17］そもそも「全国全共闘」から排除されていて現場にいなかった革マル派など、華青闘告発の影響をまったく受けなかった主要党

ラブの日本赤軍がどうの、よど号ハイジャックがどうの、連合赤軍がどうの、内《うち》ゲバがどうの……といった話です。それら要するに〝諸党派の消息〟は、遅くとも60年代半ばには存在意義を疑われ始め、〝68年〟の過程で事実上乗り越えられ、70年の華青闘告発によって最終的に破産宣告を受けた「**前衛党**」**諸派の後日譚《ごじつたん》**にすぎません。70年代以降の（学生運動を含む）革命運動の主流はあくまでも、それぞれの個別課題に散っていったノンセクト・ラジカルたちなのです。

彼ら彼女らはあちこちに分散して存在し、一同に会する機会も、そもそも動機もないために、目立ちません。しかし私が調べた印象では、〝68年以後〟の問題意識を継承してさまざまの個別課題に取り組む学生運動への参加者は、80年代半ば頃までは全国の大学に総勢2、3万人の規模で存在していたようです［★18］。

彼らは具体的には、さまざまな反差別運動や、公害問題や原発などの環境問題、山谷や釜ヶ崎などの最底辺労働者の支援、あるいは学内の、サークル棟や寮を学生運動の温床とみなす大学当局がそれらを建て替えたり廃止したりする動きへの抵抗や、学園祭やサークル活動への介入への抵抗など、多岐にわたる活動を展開していました。

それぞれの運動が個別に存在し、地道に黙々と取り組まれているために、実は総勢

派もいくつか存在します。

［★18］〝総勢2、3万人〟というのは、〝冬の時代〟と呼ばれた60年代前半の数年間とまったく変わらないか、むしろそれよりマシなくらいの量的水準と云えます。というより、第1章でも述べたように、学生運動の枠を超えて〝国民的運動〟と化した60年安保闘争や、「世界革命」と呼ばれるほどの異常な高揚期だった〝68年〟と比べるから停滞と感じられるだけで、要は〝平時〟の当たり前の規模と考えたほうがいいでしょう。

で万単位という規模が、傍目《はため》から見えにくかっただけなのです。

内ゲバの70年代後半

それでも多少の盛り上がりの時期はあります。70年代末から80年代初頭にかけての**ポストモダン思想の流行**や**サブカルチャーの隆盛**は、その地表に現れた部分でした。

ポストモダン思想が、そもそも〝68年〟の延長で登場したものであることは先に述べたとおりです。欧米の同時期には、それらの新思潮と、パンク、ニューウェイヴ、テクノなどのサブカルチャーと、緑の党などに代表される〝68年以後〟の社会運動の新展開が、渾然一体《こんぜんいったい》となって一大ムーブメントの趣きを呈していました。思想・学問の運動、芸術・文化の運動、政治的な運動が互いに密接な関連を持ちつつ同時に隆盛したのですが、日本ではそれが、**政治領域の盛り上がりを欠いたまま、思想・学問と芸術・文化の運動としてのみ、欧米と同様に盛り上がった**わけです。

この時期の日本で政治運動の新展開が起きなかった理由は明らかです。もはや存在意義は何もないのにそれなりの規模で存続してしまっていた新左翼諸党派のさまざまの蛮行が、これを阻害したのです。

その最たるものは、「**内ゲバ**」です。

70年に本格的に始まった[★19]内ゲバ、つまり新左翼諸党派間の武力抗争は、とくに革マル派・中核派・解放派の3党派の間で100名近い死者と、おそらく千の単位の重軽傷者を出す凄惨なものとなります。最終的には90年代半ばまで死者を出し続けるのですが[★20]、その最盛期は75～80年の6年間と云っていいでしょう。

学生運動の現場においては、ノンセクト・ラジカルの活動家も内ゲバと無縁ではいられませんでした。学生運動が盛んな大学は内ゲバ3党派いずれかの拠点校であることが多く、命がけで拠点を死守している党派にとって、学内で自派以外の運動が一定以上盛り上がるのは危険です。そんな兆候があれば、暴力に訴えてでもこれを潰します[★21]。

欧米では〝68年〟の問題意識の延長線上で政治運動の新展開が進んだ70年代後半、日本でそれを担い得たかもしれない個性的で優秀な若い活動家は、内ゲバ3党派の存在ゆえに、少なくとも大学内ではおおっぴらに登場することすら難しかったのです。

[★19] 中核派と革マル派の抗争で拉致・リンチによる最初の死者が出るのが70年、という意味なんですが、そのうち死者が出るに違いないと多くの者に確信させる壮絶なリンチ事件は、68年のうちに頻発していました。遡れば60年安保闘争敗北の翌61年に革共同vs.ブント・解放派などの構図で最初の大きな集団戦が起きていますし、69年には（衝突の際に逃げまどったりしてのビルからの転落死という形ですが）2名の死者も出ます。また、★13でも触れたように70年の時点では、件数的にはまだ共産党vs.全共闘・新左翼という構図での衝突のほうがメイ

日本の〝89年革命〟

内ゲバがいくぶん沈静化した80年代前半、欧米では70年代のうちに進んだ、新世代による運動再編に呼応するような試みが、ようやく日本にも現れます。〝中学全共闘〟出身で当時20代後半だった保坂展人《のぶと》（現・世田谷区長）による反管理教育運動や、当時は現役の早大生だった辻元清美（現・立憲民主党代議士）による反戦運動「ピースボート」など、一連の〝ポップな政治運動〟です。

86年に社会党委員長に就任した土井たか子は、それら若者たちの運動と結びついて、社会党を巨大労組への依存体質から脱却させようとしました。その試みはいったん成功、89年の参院選における保革逆転を実現します。たまたま参院選だっただけで、もしこれが衆院選だったら、この時点で社会党政権が誕生していたことになります。

80年代後半にフィリピンや韓国など〝南〟の国々で独裁政権が倒されたのに続いて、〝東〟の国々でも、中国で天安門広場を舞台とする民主化運動が激化し、東欧の社会主義政権が雪崩を打って、ベルリンの壁もろとも崩壊しました。ついには冷戦を終わ

ンでもありますし、内ゲバの起源を遡っていくと、そもそも新左翼の誕生以前に、とくに50年代初頭の共産党の武装闘争期には、党内権力闘争やスパイ疑惑追及などでリンチが頻発しており、共産党のそうした体質が、そこから分岐した新左翼諸党派にも受け継がれてしまったのかもしれず、さらに云えば暴力による異分子の排除という手法は、日本共産党の結成直後にはスターリン台頭期のソ連共産党から〝伝授〟されているに違いなく……とキリがありません。

[★20] 96年に解放派が革マル派の国学院大生らを襲撃・殺害した事件がとりあえず最後で

らせ、やがてソビエト連邦そのものの解体へと行き着いた〝89年革命〟ですが、それは日本でも勝利寸前まで行ったわけです[★22]。

社会党政権の誕生にまでは至らなかったとはいえ、この89年の参院選敗北に危機感を募らせたことで自民党の迷走が始まり、その結果として今に続く終わりの見えない〝政界再編〟の過程でまずは93年に細川政権が誕生、これによって冷戦の国内版たる〝55年体制〟の崩壊も起きるのですから、**日本の〝89年革命〟も事実上勝利していた**と云ってよいとさえ思います。

話が先走りましたが、80年代後半の社会党の党勢一新の試みは、時期が遅すぎたのかもしれません。70年代後半にそれが進んでいれば、社会党は日本版・緑の党として生き残りを図れた可能性があります。しかし現実には、89年の勝利をピークとして一連の〝政界再編〟の過程で社会党（現・社民党）は凋落《ちょうらく》の一途をたどり、今や消滅寸前の泡沫《ほうまつ》政党にまで転落しています。

すが、その後、99年から04年にかけて、解放派内部の対立で計10名の死者を出す「内々ゲバ」も起きます。

[★21] 華青闘告発の影響をまったく受けていない革マル派はともかく、華青闘告発を受け入れて自己批判したはずの中核派や解放派が、以後も「前衛党」（的な党派）であり続けられたことは不可解かもしれません。そのメカニズムは簡単に解説しうるものではないので、本書では省略します。気になる人は絓秀実氏の難解な著作に挑戦してみてください。

[★22] 日本に情報が伝わっていないだけで、他の西側先進諸国にも、反体制的な政治運動の

学内運動から学外運動へ

また、70年代後半から80年代前半にかけて新展開を図れなかったノンセクト・ラジカルの学生運動も、85年頃を境に急速に消滅に向かいます。

欧米の運動の新展開に学び、それを意識的に日本に導入しようとした保坂展人の反管理教育運動は、中高生が主役の運動で、大学はその主要な舞台ではありませんでした。ピースボートも、中心メンバーに現役学生が多く含まれていただけの話で、学内に軸足がある運動ではありません。80年代前半の重要な運動展開は、大学の外で起きたのです。

さらに80年代は、〝ゆとり教育〟以前の〝管理教育〟の全盛期です。先輩学生の運動と問題意識を継承しつつ、ただそれをなぞるだけでなく新展開を模索・実現しうるような、個性的で行動的な後輩活動家の予備軍は、そのほとんどが高校卒業前に学校空間から放逐《ほうちく》されてしまい、大学に進学できませんでした。高校中退者が10万人を超え、伝統的な不良タイプではない〝普通の子〟が大量に中退していると騒がれたのが

盛り上がりが同時期に存在したフシがあります。例外的に、パリで86年だか87年だかにおこなわれた高校生による大規模なデモの様子は、日本でも報じられていました。その他、文化領域に限っても、80年代後半にはアメリカのグランジ・ブームやヒップホップの大衆化、イギリスの「セカンド・サマー・オブ・ラブ」(〝ファースト〟は云うまでもなく60年代末のヒッピー・ムーブメントを指します)といった音楽シーンのラジカルな運動があり、もしかしたら、それらと連動していた社会運動の存在が、政治音痴な日本の音楽ジャーナリズムの視野には入ら

87年のことです。

85年頃には全国で総勢2、3万人規模で持続していたノンセクト・ラジカルの学生運動は、90年の時点でおそらく数百人規模にまで落ち込んだと思われます。現在では（全国で！）数十人規模でしょう。〝平時〟の〝普通〟の規模と思われる2、3万人の学生運動を再建するのは、途方もない難事業と感じられるかもしれません。

ただし、85年以降も〝若くて知的なヒマ人たち〟の政治運動は、主に大学の外で途切れなく続き、現在までに幾度かの高揚を実現してさえいます。その最初の高揚が〝日本の89年革命〟であり、土井社会党ブームはその氷山の一角にすぎません。

土井社会党を支えた保坂や辻元に象徴される、80年代の〝穏健化したノンセクト・ラジカル〟の運動は、過激な最左派の諸運動を伴っていました。中でも有名なのは87年の**広瀬隆ブーム**[★23]を起点とする88年の「反原発ニューウェーブ」です。それは量的にも3・11以後の反原発運動に匹敵し、質的にはそれをはるかに上回る過激でラジカルなものでした。

文化的にも、当時の若い活動家の最大公約数的な表現が「**ザ・ブルーハーツ**」によってもたらされ、よりラジカルな表現は忌野《いまわの》清志郎《きよしろう》の覆面バンド「**ザ・タイマー**

ず、伝えられていないだけなのではないかと私は疑っています（毛利嘉孝『文化＝政治』を読めば、少なくとも90年前後にイギリスで広がった道路占拠運動と、「セカンド・サマー・オブ・ラブ」との関連は明らかです）。アメリカでは、92年にロサンゼルスで久々に大きな黒人暴動が起きて、日本でも90年秋に10数年ぶりに起きた大阪・釜ヶ崎の暴動と同様、人々を驚かせています。また、映画『ファイト・クラブ』では、主人公たちが始めた地下ボクシング団体がやがてファシズム革命結社に成長していきますが、その過渡期の姿として描かれる、街じゅ

ズ」や、バンドブームの一つの頂点である「**たま**」の登場に担われていました。
かく云う私自身、この時代風潮の中で自己形成し、保坂系反管理教育運動の最左派として活動したことが、現在に至る〝革命家〟人生の出発点です。

90年代の〝まったり革命〟

つづく90年代の諸運動は、社会学者・宮台真司《みやだいしんじ》の同時期の造語「まったり革命」に象徴される雰囲気を共有しています。「**だめ連**」や「**メンズリブ**」に代表される、脱力系のライフスタイル提唱運動です。「だめ連」は、当時まだそれなりの規模で存在した、早大および明大のノンセクト・ラジカルの面々が中枢を担う運動でした。
法政大も早大と同様、最近までノンセクト・ラジカルの学生運動が存続した数少ない大学の一つです。しかし90年代半ばには、さすがの法大ノンセクトも、他大学に10年ほど遅れていよいよ壊滅へのサイクルに突入したかに見えていました。それを強引に、やはり脱力系の秀逸な笑いのセンスを武器に、4、5年の短期間ながら再び数百

うに社会風刺的なイタズラを仕掛けて回る〝お騒がせ集団〟的なありようは、原作者のチャック・パラニュークが実際に80年代後半に参加していたサンフランシスコの若者グループがモデルになっているようです。03年のドイツ・アメリカ合作映画『レボリューション6』でも、「15年前」つまり88年頃に西ベルリンで若者たちによるアナキズム的な運動が〝すごく盛り上がっていた〟ことが、観客にわざわざ説明するまでもない当然の前提であるかにして物語が進行します。

[★23] 前年（86年）に起きたソ連・チェルノブイリ原発事故の実情

人の規模にまで盛り返した、**松本哉**《はじめ》**の**「**法政の貧乏くささを守る会**」も同じく90年代末の運動です。

ただし〝89年〟とは異なり、90年代末の脱力系政治運動は、首都圏以外にほとんど飛び火しませんでした。「だめ連」も「貧乏くささ…」も各地に支部が誕生しましたが、オリジナルの持つ独特の機微まで伝わっているとは云えないものがほとんどでした。

また90年代後半は、**小林よしのり**『**ゴーマニズム宣言**』の右転向と爆発的ヒットによって、〝若者の右傾化〟が急速に進んだ時期でもあります。

世の中に疑問や不満を持つ若者たちがとりあえず手に取る書物は、80年代には**朝日文庫の本多勝一**《かついち》**シリーズ**だったと思われますが、90年代半ば以降は、小林よしのりのエッセイ・マンガに変わりました。この嘆かわしい傾向は（本多勝一シリーズも今思えば嘆かわしくはありますが）その後ますます加速し、00年代には小林マンガの劣化版とも云うべき『**マンガ嫌韓流**《けんかんりゅう》』が大きな影響力を獲得します[★24]。

ただし、90年代のうちは〝若者の右傾化〟はせいぜい「ネット右翼」の段階にとど

や、そもそも原子力発電とは何か、どう危険か、そしてマスコミで原発問題がタブーとなっているメカニズムなどを平易に解説した、ノンフィクション作家・広瀬隆の『危険な話』が、誰も聞いたことがないようなマイナーな出版社から刊行され、口コミで評判が広がって、あれよという間に87年を代表するベストセラーの一つとなった現象を指します。

[★24] 最近はもはや〝紙の本〟ですらなく、テレビの『そこまで言って委員会』とか『ニュース女子』とか（東京モンは地方の現実を知らないから常々呆れますが、首都圏ではとっくに地上波で放

まり（ネットが急速に普及するのが90年代後半です）、リアル世界の政治運動として登場するには至りませんでした［★25］。

00年代の政治運動

01年、アメリカ同時多発テロ事件、いわゆる〝9・11〟が勃発します。

これを機にアメリカの「反テロ戦争」が開始され、日本でもアフガン反戦、イラク反戦の運動に突如として大量の若者が参加して話題になりました。私はこれら一連の運動の高揚を、当時も今も表層的でつまらないものと見なしていますが、00年代後半から10年代の政治運動を担う若い活動家の多くが、アフガン反戦やイラク反戦を機に運動に参加し始めた事実は否定できません。

00年代後半の若者たちによる運動は、まず左翼方面では、キャラクターとしては（必ずしもすでに若者とは呼べない年齢になっていた）**松本哉**と**雨宮《あまみや》処凛《かりん》**の2人に象徴される、「**素人の乱**」と「**フリーター労働運動**」が挙げられます。

映できなくなったネトウヨ番組『ニュース女子』も、田舎では今も引き続き地上波でやってます）、あるいはネットの「保守速報」とかなんでしょうか？

［★25］例外的に、右翼パンク・バンドでの活動が注目された（00年代半ばに左傾する以前の）雨宮処凛の存在を挙げられるくらいでしょう。

東京・高円寺を拠点とし、「**家賃反対デモ**」だの、放置自転車撤去に抗議する「**オレの自転車返せ！デモ**」だの、一連のバカバカしいパフォーマンスで注目された松本らの「素人の乱」は、首都圏以外には影響力を持ちませんでしたが、ライターとして活躍するようになった雨宮が広告塔の役割を果たした「フリーター労働運動」は、全国各地に飛び火しました。「素人の乱」が松本の強烈な個性に依存し、松本に間近で頻繁に接する機会がなければその独特のノリや作風の機微を体得しえないのに対して、「フリーター労働運動」が提起した、若者を取り囲む過酷な労働環境の問題は、全国共通の極めて〝わかりやすい〟ものだし、運動スタイルも要はごく当たり前の個人加入労働組合の運動を真面目に組織することに尽きるからでしょう。

右傾化した若者たちの運動も、00年代後半にはついにネットの世界を飛び出し、街頭に登場しました。「**在日特権を許さない市民の会**」（**在特会**）です。朝鮮人や支那人（と呼ぶこと自体は、要は「チャイナ」と云ってるだけで、差別ではありません）に対する露骨に差別的な言辞を臆面もなく叫び散らすその街宣活動は、私を含め良識ある人々をいたたまれない気持ちにさせましたが、聴衆を煽り立てる演説の技術や、市民感情を逆なでする言動も辞さない開き直りぶりは見事でさえあり、在特会に太刀打ちできる左派系の運動は、後述する「**レイシストをしばき隊**」の登場（13年）まで皆無でした。

また在特会の周辺に誕生し、在特会が素朴な差別感情で云わば〝天然〟でやっていた悪質な街頭示威運動を、確信犯的にさらに過激に露悪的に追求した「**排害社**」（12年解散）の存在も重要です。その絶妙な（時に差別ギャグですが）笑いのセンスや戦術アイデアの豊富さにおいて、「排害社」主宰の金友《かねとも》隆幸は、左派シーンにおける松本哉に匹敵するキャラクターでした。

在特会や排害社は、左翼が「原発反対」を唱えることへの対抗意識から「原発推進」を掲げましたが、11年の〝3・11〟以降、右傾化した若者たちの一部にも反原発の機運が生じます。

彼らは「統一戦線義勇軍」議長・針谷《はりや》大輔が主催する「**右からの脱原発デモ**」に結集しました。統一戦線義勇軍は、80年代に反米・反体制の〝新右翼〟団体として注目を浴びた「一水会《いっすいかい》」の周辺に発し、やがて自立したグループです。〝3・11〟由来の左派の反原発運動がほぼ消滅していく中、このデモはコロナ禍で20年2月に中止を余儀なくされるまで、毎月続けられました。

現在の左派シーン、３つの潮流

ここまで、とくに左派系の運動の中心にいたのは〝89年革命〟世代です。89年当時、彼らは20歳前後の若者であり、〝まったり革命〟の90年代後半にも30歳前後の〝ぎりぎり若者〟であったとしても、00年代後半となるとすでに40歳前後で、もはや〝若者〟とは呼べなかったでしょう。とはいえ、ちょっとしたアイデアで運動をむやみに面白くしてしまう〝面白主義〟が〝89年革命〟世代の活動家たちに顕著な傾向で、後続世代の若者たちもそこに惹かれて参入するということが、現在に至るも（とくに「素人の乱」界隈では）続いてはいます。

〝3・11〟直後の反原発運動の高揚をまず担ったのは「素人の乱」でしたが、半年ほどで行き詰まって停滞し、これに代わって翌12年6月、大群衆で首相官邸を包囲しようという「**首都圏反原発連合**」（**反原連**）主催の「金曜抗議」が数万人の規模を実現、以後数ヵ月間、その動向はマスコミでも大々的に報道されるようになります。この

「反原連」の中心メンバーの一人だった野間易通《やすみち》が、翌13年、在特会の猛威に街頭で直接対峙する「レイシストをしばき隊」を結成し、これも大いに注目を集めます。

彼らもまた年齢的には〝89年革命〟世代と重なり、つまりすでに当時40代の中年活動家です。しかし政治的な目覚めが遅く、れっきとした〝若者〟だった〝89年〟当時はハードコア・パンクなどのマニアックな〝サブカル〟趣味に耽溺《たんでき》しており、01年の〝9・11〟の衝撃によってやっと社会に興味を持ち始めたという、つまり30代に入ってから政治運動デビューしたタイプです。

第2章で述べたように、SEALDsも反原連の周辺から生まれて、15年にマスコミを喜ばせ、一時は反原連・しばき隊・SEALDsを総称して「**3・11以後の運動**」などと呼ばれました。

反原連の登場を境に、左派の運動の主流は〝89年革命〟を原体験として持つ〝面白主義〟的な活動家たちから、それら「3・11以後の運動」へと完全に移ったかのようでした。

この2つの潮流は相互に折り合いが悪く、「3・11以後の運動」の側は、〝面白主義〟派を（先述のとおり本当は自分たちの側こそがそう呼ばれるにふさわしい出自を持っているくせに、あるいはそれゆえに）「サブカル」呼ばわりして批判……というより単なるレッテル貼りによって罵倒します。批判・罵倒された側は、まあ私が典型的にそうですが、彼らの歴史性（既存のさまざまな運動を肯定するにせよ批判するにせよ何らかの形で継承しているという側面）の欠如や、ネトウヨなみの没論理性つまり「反知性主義」を批判しています。

もっとも、折り合いが悪いのは当然で、末期とはいえ冷戦時代のうちに、つまり20世紀的な「世界大戦」の戦時体制下で自己形成した〝面白主義〟派は当然ながら新左翼ですが、年齢的には同世代であっても〝遅咲き〟で、01年以降の反テロ戦争＝「世界内戦」の戦時体制下で政治的な自己形成をした「3・11以後の運動」派の側は、そうではないからです。

今にして振り返れば〝面白主義〟は、新左翼運動を継承しつつも、内ゲバや、〝差別糾弾！〟的な硬直した倫理主義によって80年代にはとうに魅力を失っていた従来のそれとの差異化を図り、違う形で魅力的な〝新・新左翼運動〟を創出するための、当初はやむを得ざる選択として追求された路線だったとも云えます。

〝89年革命〟世代が主導する新左翼的な諸運動のうち、〝面白主義〟的な部分を（ザ・ブルーハーツの歌詞に由来して）「ドブネズミ」派と呼び、00年代いっぱいはこれと未分化でもあった、華青闘告発以来の〝差別糾弾！〟路線をただそのまま愚直に継承しようとする部分を「ヘサヨ」と呼ぶことが、最近では定着しつつあります。「3・11以後の運動」には（批判的な？）別称がありませんが、野間易通ら「しばき隊」への罵倒用語として生まれたネット・スラングである「パヨク」を、広義の野間系とも云える「3・11以後の運動」全体に対して流用すべきことを私は提起しています。

現在の左派シーンにはこれら大きく3つの潮流があるわけですが、いずれにせよ、もう50代に突入した連中が中心を担う運動に未来などありませんし、ドブネズミ派やヘサヨの運動が行き詰まるのは当然でしょう。だからといって同じく50代中心で、しかも共産党にすり寄られて仲良くしてしまうような、〝新左翼以前〟の没歴史的でトンチンカンな反知性主義パヨクが活躍し続けられるはずもなく、総じて勢いは失われています。

とはいえ、以上ざっと概観してきたとおり、80年代半ば以降、〝学生運動〟はほぼ壊滅状態となりながらも、大学の外では、学生も含む〝若くて知的なヒマ人たち〟によるさまざまの運動が、ほんの数年前まで途切れることなく持続し、時に相当の高揚を見せてさえいたわけです[★26]。しかし学生でもないのに〝知的でヒマな〟若者の数はそう多くもなく、一部の学生が参入したとしても量的な拡大にはおのずと限界もありました。

いかに困難に思えようとも、**〝学生の100人に1人ぐらいは政治的・社会的な反体制運動に参加して熱くなっている〟**という、実はごく当たり前の状況を何とか再建しなければなりません。

〝新左翼→ファシズム〟の可能性

以下、学生運動史に関して書き残したことをいくつか補足します。

新左翼運動は、〝資本主義vs.共産主義〟という二項対立の冷戦構造下で、ソ連側に奉仕する共産主義陣営から分岐する形で誕生しつつも、次第に〝反米反ソ〟の立場を鮮明にしていったわけですが、これは何を意味するのでしょうか？

[★26] とくに〝89年革命〟世代による〝面白主義〟的なドブネズミ派の諸運動の系譜については、別の著作『全共闘以後』で詳述したので、一読されることを推奨します。

20世紀の歴史は、その初期の、第一次大戦の終結直後の段階で、いったんは〝資本主義vs.共産主義vs.ファシズム〟という三鼎対立の様相を呈しました。それは〝普遍的正義〟の実現をめぐる三つ巴の闘争であり、〝反普遍主義というもう一つの普遍主義〟というアクロバットを掲げるファシズムを含め、〝普遍的正義〟の候補はこの三つ以外には存在しないはずでした。

ということは、**〝反米反ソ〟という立場は、その当事者たちが自覚しているか否かにかかわらず、やがてはファシズムに収斂《しゅうれん》していくはずのものではなかったでしょうか？**

一般的には新左翼運動は、スターリン流に硬直したマルクス・レーニン主義を脱却し、アナキズムへと転身してゆく運動だったかに総括されています。一連のポストモダン思想も、実質的には〝現代ふうに再構築されたアナキズム理論〟であり、その最新版であるネグリ＆ハートの「帝国とマルチチュード」三部作も要はアナキズム理論書です。

しかし偏見を捨てて歴史を調べればすぐ分かるように、**ファシズムの創始者ムソリーニはもともと限りなくアナキズムに近い社会主義者でした。**「戦争を内乱に転化せよ」というレーニンの立場とほとんど同じ観点から、勃発した「世界大戦」への参戦を提唱して（そもそも参戦しなければ「戦争を内乱に転化」できませんから！）、反戦派が主流だったイタリア社会党を除名されています。そのムソリーニのもとに結集し、初期ファシスト党を構成したのは、自他共に認める正真正銘のアナキスト（と前衛芸術家）たちだったのです。

つまり新左翼運動がアナキズムへの傾きを持っていたことは、ファシズムへの傾きを持っていなかったという根拠にはなりません。

新左翼運動が展開する過程で、マルクス・レーニン主義のスターリン的解釈がまず疑われ、スターリンによって歪曲される以前の〝本来のマルクス・レーニン主義〟が希求されました。やがて、そもそもマルクス主義のレーニン的解釈がスターリン主義を必然化するのではないかとの問題意識が広まり、レーニンによって歪曲される以前の〝本来のマルクス主義〟が求められました。さらに進んで、マルクスの思想が盟友エンゲルスによって「マルクス主義」として体系化される過程にスターリン主義を必然化する萌芽があると云われたり、いやそもそもマルクス自身の思想にすでに〝唯一の真理の体系〟への志向があって、国家主義や産業主義も内包されているという指摘がおこなわれ、マルクスが生きた時代にマルクスと対立したバクーニンらアナキストたちの思想の復権が目論まれたりもしました。

とても分かりやすい理路ではあるのですが、実はよく考えれば、アナキズムではなくファシズムに到達する別の理路もありえます。

一口に「マルクス・レーニン主義」と云っても、〝真理の体系〟を体現しているのはマルクス主義で、レーニン主義はそれを実現するために「唯一の前衛党」の必要性を唱える〝運動論〟にすぎません。だとすれば、**レーニンではなくマルクスのほうを捨てて、〝真理の体系を保持していないわけではない唯一の前衛党〟によるアクロバティックな革命理論を構想することも可能ではないでしょうか。**

例えば、こんなイメージです。

前衛党は〝唯一無二〟ではあるが、〝普遍的真理〟とは無縁で、したがって**党を割ることだけは許されない代わりに党内での議論は何でもあり、革命に身を捧げる決意さえ本物なら誰でも〝同志〟として遇するという、傍目にはおそらく意味不明でハチャメチャな〝革命党〟……。**

そして実際、次章で述べるように、ムソリーニの「ファシスト党」はそういう党でした。

新左翼の〝無自覚なナショナリズム〟

通説にはなっていませんが、全共闘が〝プレ・ファシズム運動〟だったことを、当時最年少にして最左派のアナキズム理論家として活躍した千坂恭二氏が指摘していますし、絓《すが》秀実氏も一連の〝68年〟論の中で、全共闘運動がファシズムに少なくとも親和的であり、事実いくぶんファシズム運動への傾きを有していたことを認めています。

しかし、全共闘の運動がついに最終的にはファシズム運動へと転化しなかったのは、やはり華青闘告発事件に負うところが大きいのだと思います。

華青闘は、日本の新左翼がマイノリティの問題に冷淡であり続けてきたことを告発し、その根本的原因が〝無自覚なナショナリズム〟にあることを指摘しました。

たしかに日本の新左翼運動の〝元祖〟と〝本家〟である革共同とブントはそれぞれ、

革共同は、世界組織「第四インターナショナル」[★27]への加盟を拒否して、「真に革命的な世界組織は我々自らの手で創設されるべきだ」と主張した一派が主流を成しましたし、ブントはブントで、「日本革命こそが世界革命の突破口となる」という理論を持っていました。

要するにどちらも、**「世界革命」を目指す非ナショナリスティックな革命組織のつもりでありつつ、その「世界革命」を主導するのは〝我々日本の共産主義者〟であるという、まるでかつての〝大東亜共栄圏〟構想のような、よくよく考えてみると実にナショナリストじみたロマンに衝《つ》き動かされていたのです**[★28]。

新左翼がそうしたナショナリスト性に自ら思い至れば、自己正当化を図るためにもそれを肯定的に評価しようとした可能性が高く、〝自覚的なナショナリスト〟へと脱皮すれば、「しかし従来のナショナリストとは違うんだ」という理論的模索の末に〝ファシズムへの道〟も拓かれます。しかし自分で気づく前に華青闘に（批判的に）指摘され、ショックを受けて〝反省〟してしまったわけです。

絓秀実氏が執拗《しつよう》に掘り起こしているとおり、そもそも新左翼はその草創期から、例

[★27] レーニンと並ぶロシア革命の最高指導者でありながら、レーニンの死後、台頭してきたスターリンの謀略によって失脚させられ、国外追放となったトロツキーが38年に創設。ちなみに〝第一〟インターはマルクスも主要参加者だった19世紀後半の社会主義者たちの国際組織、〝第二〟インターはマルクス死後の1889年にエンゲルスの主導で結成され、第一次大戦勃発への対応方針をめぐって14年に実質崩壊した各国の社会主義政党の国際組織、〝第三〟インターは本文中（第3章など）に何度か出てきた「コミンテルン」のこと。

えば竹内好《よしみ》や橋川文三などによる、ファシズム文学運動たる30年代後半の「日本浪曼《ろうまん》派《は》」を（〝批判〟を装いつつ）再評価する議論に刺激されたり、日本共産党の単純な「進歩史観」に対抗する文脈で吉本隆明《たかあき》や谷川雁《がん》らが提起した、〝下層〟大衆の土着性・伝統性に潜む革命的側面に着目し、そこにこそ依拠すべきだという議論にも大いに影響を受けています。

つまり新左翼と「ファシズム」「ナショナリズム」とは、世間一般の印象に反して、少なくとも60年代のうちは、意外にもかなり親和的だったのです。

典型的な新左翼文化運動である、土方巽《ひじかたたつみ》の暗黒舞踏《ぶとう》や唐十郎《からじゅうろう》・寺山修司らのアングラ演劇に見られる、〝土着性〟への偏執《へんしゅう》ぶりにも、そのことは表れているでしょう。

実は「演歌」すら、もともと一種の新左翼文化運動として出発していたりします。西洋的で〝優良な〟歌曲を推奨する「うたごえ運動」など日本共産党の文化政策を批判する文脈で、土着性の中に身を置く〝下層〟大衆の理屈にならない「怨念」の吐露を肯定的に評価しようという、**竹中労《ろう》・寺山修司・五木寛之・平岡正明**ら新左翼（的）論客によってジャンルとしてカテゴライズされ、〝68年〟の若者たちに熱狂的に受容されたのです。

［★28］解放派や構改派などにしても、それら先発の新左翼党派をライバル視して試行錯誤を続けるうちに影響を受けてもおり、華青闘告発以前は〝無自覚なナショナリスト〟でもあった点では大同小異です。

当時ほとんど唯一と云ってよい真の（ナショナリストとは完全に異質な）ファシストだった**三島由紀夫**が、華青闘告発以前の69年5月に、東大全共闘に招かれての討論集会で**「諸君が一言〝天皇〟と云ってくれれば喜んで手を結ぶ」**という有名な台詞を吐きましたが、全共闘の学生たちがそれに応じて〝天皇〟を掲げ始める可能性もなかったとは云いきれないでしょう。

新左翼が「天皇制」を何よりの打倒目標と見なすようになるのも、〝中国・朝鮮への侵略者としての日本人〟であることを自覚させられ、〝戦争責任〟問題への取り組みも本格的に始まる華青闘告発以後のことだからです。それ以前の新左翼は天皇制には単に無関心で、スローガンなどにも「天皇」は一切出てきません。

私が「新左翼運動は無自覚なファシズム運動だった」と云うのは、あくまでも〝華青闘告発までは〟という意味です。

〝68年〟は勝利した

ともあれ、華青闘告発によって、新左翼ノンセクト・ラジカルの革命運動の、革命の〝総体〟を志向しない、さまざまの個別課題に散る「マルチチュード」路線への展開は決定的になりました。マルクス・レーニン主義からアナキズムに転じ、さらにはファシズムへと転じたかもしれない〝ポスト全共闘〟の運動は、その中途でアナキズムにとどまることを選択したとも云えます。

しかし、その選択は果たして正しかったのでしょうか？

今日では**PC（ポリティカル・コレクトネス）**の脅威が、抑圧的な社会に違和感・危機感を抱く人たちにとって最重要課題の一つとなっています。

差別的な語彙《ごい》を公的な場から追放し、〝政治的に正しい〟云い回しに置き換えてゆくPCとは、要は昔からある日本語で云うところの「言葉狩り」です。差別的ではあるかもしれないがさまざまのニュアンスに富んだ旧来の云い回しが、誰も傷つけないかもしれないが無味乾燥でフラットなPC用語に置き換えられていく様子を、どうにも居心地の悪い、表立って異論を唱えにくいが何か納得できない気分で、ただ指をくわえて座視しているという人は多いでしょう。

しかし、**このPCこそまさに、〝68年〟を機に世界的に主流化した〝マイノリティによる反差別運動〟の現代的な帰結なのです。**

〝68年〟がもたらしたものは、ＰＣの猛威だけではありません。〝真理の体系を教え授ける場〟としての大学の権威も崩壊させられ、重々しい〝学問〟を提供するのではなくフラットな〝知的サービス〟を提供する、何ら権威のない単なる〝教育産業〟としての大学も、〝68年〟が意図せず生み出してしまったものです。

学生が自治会に、労働者が労働組合に組織されることを拒否し、何らかの「大きな物語＝理念」を共有することで成り立っていたには違いないそれらの組織に従属しない「**自立した個**」であることを希求したのも〝68年〟の運動です。非正規雇用が常態化し、「自己責任」で「スキルアップ」の絶え間ない努力が求められる現在の労働のありようは、「手にしたものをよく見てみれば望んだものと全然違う」（ザ・ブルーハーツ）かもしれませんが、そもそもは〝68年〟の担い手たちが自ら〝望んだ〟結果なのです。

その他、「**エコ**」も「**嫌煙権**」も「**男女共同参画社会**」も「**ロハス**」も「**心のケア**」も「**ナンバーワンよりオンリーワン**」も「**みんな違ってみんないい**」も、すべて〝68年〟にルーツを持つ価値観やメンタリティの表現です。

国家権力と正面衝突し、完膚《かんぷ》なきまでに粉砕されたかに思われた〝68年〟の運動が求めたものが、気がついてみると現代社会の支配的な風潮として〝こんなはずじゃなかった〟感じで完全に定着している……。このことを指して、私や絓秀実氏は「**全共闘（〝68年〟の運動）は実は勝利している**」と云い続けてきました。

アメリカが掲げる〝68年的な正義〟

〝反米反ソ〟の新左翼運動は、冷戦構造の破壊を目指しました。それは89年に実現し、新左翼運動はその目的を果たして役割を終えました。

冷戦の終焉は、単に社会主義陣営の崩壊としてのみならず、資本主義陣営の決定的変質も伴いつつ到来します。**全世界の覇権を握ることになったアメリカは、しかしす**

でに自身が（PCに代表される）〝68年的な正義〟を掲げる国家へと変質させられていたのです。

01年のアメリカ同時多発テロは、「反テロ戦争」という「まったく新しい戦争」を誘発しました。

この戦争は現在も続いています。タリバン政権を崩壊させても、フセインを処刑しても、ビン・ラディンを暗殺しても、テロが根絶されたわけではないので「反テロ戦争」も終わりません。案の定、「イスラム国」なんてものが新たに登場して大騒ぎとなり、現在ではほぼ壊滅に追い込まれましたが、どうせまた何か出てくるでしょう。そもそもアメリカは「反テロ戦争」を開始するにあたり、それが永久に終わることのない性質を原理的に有していると明確に宣言していました。

〝68年的な正義〟の国に生まれ変わったアメリカは、しかしその正義を相変わらず力づくで全世界に押しつけようとしています。

PC的な正義をアメリカ政府と共有している、「マルチチュード」的な左派の反戦運動は、それに対抗しうるでしょうか？　なにしろアメリカが攻撃している「イスラム過激派」勢力は、女性に伝統衣装を強要し、社会進出を妨げるような〝差別的〟な連中なのです。

私が〝日本版マルチチュード〟による00年代初頭のアフガン反戦やイラク反戦の運動に懐疑的な理由もこのあたりにあります。

前章でもざっくり述べたことを再度、もうすこし突っ込んで繰り返します。

一部の知識人は〝9・11〟に始まるアメリカ主導の「反テロ戦争」を、新たな世界大戦、正確には20世紀的な「世界大戦」に代わる21世紀的な「世界内戦」と呼んでいます。一つの主権国家の内部での武力抗争を「内戦」と呼びますが、9・11に端を発した反テロ戦争は、「世界規模に拡大した内戦」ではないかと云うのです。

そもそも対戦の相手が〝国家〟ではなく「テロリスト」の国際的なネットワークです。その構成員は世界中どこにでもいるし、アメリカの国内にさえ潜んでいます。〝戦場〟も、9・11ですでに明らかなように、アメリカ国内であることも常にありうるし、サイバー攻撃などの現代的戦術を考慮に入れればネット上でさえ〝戦場〟です。

また〝内戦〟で前面に出るのは軍隊であるよりも普通はまず警察ですが、アメリカの感覚では、米軍はテロリストという〃犯罪者〃を検挙する〃国際警察〃として世界中に派遣されているのです。逆にアメリカ国内の〃テロリストかもしれない〃不審者を摘発する通常の警察活動も、反テロ戦争の一環としての〃軍事活動〃の性格を帯びます。このように、**警察活動と軍事活動の境界が曖昧な「まったく新しい戦争」がアメリカの内外を問わず展開されているのが現在の世界状況なのです。**

コロナ騒動と反テロ戦争

ひるがえって日本国内のことを考えれば、実は日本版の「反テロ戦争」は、世界が（アメリカが）本格的にそれに突入する01年にはるか先駆けて、すでに95年にとっくに開始されていたことに思い当たります。そのきっかけは、オウム真理教が引き起こした「地下鉄サリン事件」です［★29］。

オウム事件以後、〃世間〃と軋轢《あつれき》を起こす〃変わり者〃はすべて要警戒の犯罪者予備軍のように見なされ、そうして始まった〃不審者狩り〃は、その対象を当初のオウ

［★29］95年1月に阪神・淡路大震災という〃未曾有の天災〃が起き、「危機管理」の必要性が声高に叫ばれ始めていたところに、3月、今度は〃人災〃である地下鉄サリン事件が起きるという絶妙なタイミングでもありました。

ム信者に限定することなく、急速に拡大させていきました。
ストーカー規制法も、DV防止法も、喫煙者迫害も、飲酒運転の厳罰化も、少年法の改〝正〟も、犯罪全体の厳罰化や時効の撤廃も、刑事裁判過程の迅速化（お手軽化）も、監視カメラの増大も、ヤクザへの締め付けも、ゴミ出しのルールの瑣末《さまつ》化も、レジ袋有料化も、〝個人情報保護〟云々も、〝コンプライアンス〟云々も、〝ワン・フレーズ・ポリティクス〟も、「感動をありがとう」の大合唱も、「がんばろう東日本」の大合唱も、そして記憶に新しい（現在進行形の？）コロナ状況下の〝自粛警察〟も、すべてが〝オウム以後〟の不審者狩りと同調圧力強化の連鎖反応現象です。

コロナ騒動は、もともと同調圧力が強く〝不審者狩り〟を批判する言論も皆無に近い、まったく「反テロ戦争」遂行に適した国でありそうな日本よりも、実は意外にも欧米先進諸国のほうが、この側面でも先を行っていることを思い知らせてくれました。日本では外出などの〝自粛〟は単に〝要請〟されるにとどまり、〝自粛〟するかどうかは諸個人の判断に委ねられましたが、欧米諸国では罰則を伴う「ロックダウン」が実施されています。もちろんそれは騒動勃発当初の安倍政権が、何としてでも東京オリンピックを実現させたく、〃日本は安全〃というアピールにこだわっているうちに対応が後手後手になった結果でもあるのでしょう。

しかしより本質的には、09～12年の民主党政権時代に野党として政権奪還を目指した安倍自民党が、とにかく何が何でも民主党を攻撃しているうちにネトウヨ的な〃反知性主義〃政党へと自らを純化させたことが、大きく関係していると考えられます。その過程で自民党は、以前から多少は持っていた〃反PC〃的な傾向を、より強めたことは明らかです。

世界的に見ても、リベラル派が「ロックダウン」つまり〃国家権力の発動〃を政府に声高に要求し、それに対してトランプしかり、ブラジルのボルソナーロ大統領しかり、トチ狂ったネトウヨみたいな国家指導者が「個人の自由」を掲げて強く抵抗するという、奇妙と云えば奇妙な構図が顕在化しました。

しかしこれは本当は奇妙でも何でもなく、反テロ戦争における〃安全・安心の街づくり〃を、推進どころか牽引さえするイデオロギー装置と化しているのが、〃68年〃由来のポリティカル・コレクトネスであることに気づいていれば、当然そうなるだろうと予測できる現象にすぎません。

近年の左派の運動現場では、そこ自体が、女性や性的マイノリティがセクハラなどに遭わず安心して活動に従事できる「セイファー・スペース」たるべきことが盛んに提唱されているのですが、そうした取り組みと、（一見）体制側が推進している〝安全・安心の街づくり〟との間には、〝程度の差〟しかないでしょう[★30]。

左派・リベラル派の側こそがコロナ・ウイルスなどに感染しない〝安全・安心の街づくり〟を要求し、ネトウヨに代表される反PC派が「いちいちウゼーよ、オレの勝手だろ」と反発するのも当然と云えます。

いずれにせよ2020年に勃発したコロナ騒動は、「反テロ戦争」遂行のための〝戦時体制〟構築における新展開です。20世紀の「世界大戦」になぞらえて云えば、21世紀的な「世界内戦」では、オウム事件や9・11テロが第一次大戦に、コロナ騒動が第二次大戦にあたるのでしょう[★31]。

[★30]もちろん体制側が推進する場合のほうが本来の左派色が薄められ、したがって不徹底であるという意味での〝程度の差〟で、左派はその〝不徹底〟を糾弾することで自分たちが今も〝反体制派〟であり続けているつもりになれるのです。

[★31]そういえば、本書で述べてきたような文脈で「世界内戦」の概念を最初に提起した、やはり名だたる世界的知識人の一人であるジョルジョ・アガンベンは今回、反テロ戦争の展開と同時進行で深まっていく監視社会化・管理社会化に抵抗する立場から「ロックダウン」を批判し、世間からは同類と思われ

世界内戦の戦時体制を破壊せよ

ていただろう他の著名な左派知識人たちから一斉に非難を浴びて孤立していました。

95年以前の日本と95年以後の日本とでは、まったく違う国であるかにはっきりと一変していることを、もはや〝戦前〟の日本を知らないだろう今の学生が実感的に把握しうるのか、私は懸念しています。

オウム事件を境に日本はいち早く「反テロ戦争」を開始しており、95年以後は文字どおりその戦時下なのです。

不審者狩りと同調圧力強化のための一連の施策それ自体が〝戦争行為〟なのであり、前章でも繰り返し述べたとおり、第二次大戦の戦争イメージにとらわれている限りは、冷戦を〝戦争〟そのものであると認識できなかったように、今回の反テロ戦争も〝戦争〟と認識できません。

仮に反テロ戦争の起点が、ネグリ&ハートらが云う90年の湾岸危機などではなく、オウム事件や9・11テロだったと考えるにしても、前回の戦争と今回の戦争との間に〝戦間期〟はわずか5年か10年そこらしかないことになります。

　したがって、多くは90年代後半あるいは00年代に生まれたはずの現在の学生諸君も、決して〝戦争を知らない世代〟ではありえないどころか、本当はむしろ〝戦争しか知らない世代〟なのです。

**　反テロ戦争は、アメリカが主導する世界大のそれにおいても日本国内のそれにおいても、〝68年〟に由来するPC的な正義に抵触しないばかりか、むしろそれを自らの戦争行為を正当化する根拠として展開されます。**

**　冷戦期の真にラジカルな革命運動が冷戦構造という戦時体制の破壊を目指したように、少なくとも反テロ戦争という「世界内戦」が継続する限りは、真にラジカルな現代の革命運動はその戦時体制の破壊を目指さなくてはならないはずです。**

　〝68年〟の正義を体制側と共有する「マルチチュード」的な左派の運動に、それを担いうるとは私には到底思えません。それを担いうるのは、ネトウヨ的な反知性主義の運動に身を落とすのでなければ、〝68年〟の延長線上にもう一つあり得たファシズム革命運動か、「マルチチュード」的・PC的なそれではない、（私には提示できませんが）何らかのまったく異質な左翼運動か、いずれかのみでしょう。

第5章

ファシズム入門

5つの選択肢

私はファシストを自称しています。

いわゆる第二次世界大戦において（前章と同様、以下「いわゆる」は省略します）、ファシズム陣営は米ソ共通の敵でした。そのため、戦勝国となった米ソが世界を分割支配して以降、ファシズムは無条件に〝悪〟とされてきました。冷戦終結から30年を経た現在でも、状況はほとんど変わっていません。

であるならば「ファシズム」なんか掲げるのはやめてはどうか、運動拡大のためにはマイナスではないか、とおそらくは親切心から忠告してくれる人は多いのですが、ファシストが堂々と自己を主張することが不可能に近い状況を作り出したものこそ米ソの世界支配であり、ファシズムとはまず第一に、絶対にそれに屈服しないことなのです。

〝アメリカニズムvs.共産主義vs.ファシズム〟という構図で、そのいずれが世界を一元支配するかという主導権争いが第一次大戦後に始まりますが、まず第二次大戦でファシズム陣営が追い落とされ、第三次大戦（＝冷戦）で共産主義陣営も崩壊し、勝ち残ったアメリカニズムの一元支配（グローバリズム）のもとで第四次大戦（＝反テロ戦争）が激化し続けている、というのが目下の状況です。

とはいえ、冷戦終結によって共産主義陣営が消えてなくなったわけではありません。ファシズム陣営だって、冷戦期からそうとは気づかれない形で大々的に存在し続けています。もちろん共産主義陣営もファシズム陣営も、〝体制〟としてではなく、アメリカニズムの一元支配体制の打破を目指す〝運動〟として存在しているという意味です。

考えてみれば当然のことで、**少なくとも現時点ではまだ、アメリカニズムか共産主義かファシズムか、という3択で、それ以外の主義・立場は〝体制〟となる現実的な可能性を持っていません。**

例えばアナキズムは、（後述するように）ファシズムに形を変えた場合以外に革命政権を樹立したことは一度もありません。今後もないでしょう。

ナショナリズムも、これまで要はこの3つの陣営のいずれかと結託してきただけですし、今後はますますナショナリズム単独での勝ち目はないと思われます。

- アメリカニズム
- 共産主義
- ファシズム
- アナキズム
- ナショナリズム

これら5つ以外に、現時点で何か斬新な選択肢があると考えるのは妄想か、単に不勉強の結果にすぎません。フェミニズムやエコロジーなどは〝個別課題〟についての思想で、これら5つの〝全体的ビジョン〟のいずれかに包摂される形でしか実現されようがないものです。

「ファシズム陣営が冷戦期にも大々的に存在し続けていた」というのは、前章で説明したとおり、新左翼運動のことを指します。

新左翼は、ソ連派の共産主義陣営（「旧左翼」）から分岐する形で登場し、急速に〝反米反ソ〟という第三の立場を獲得していきました。しかし第一次大戦以降の世界では、アメリカニズムでも共産主義でもない〝第三の道〟はファシズム以外にはあり得ません。したがって新左翼は、自らの選択が何らかの〝第三の未知〟などではなく実際にはファシズム再建の路線にすぎないことを、古巣の旧左翼時代に植え込まれた〝ファシズム＝絶対悪〟の固定観念に呪縛されて、自覚できなかっただけなのです。

「自覚」のレベルでは、多くの新左翼活動家は、〝68年〟当時のリアルタイムでは自らを「マルクス・レーニン主義者」（少なくとも「マルクス主義者」）と見なしていました。実質的にアナキズムへと逸脱していたことは、後から振り返って気づかれるのです。〝68年〟の体験に基づくアナキズム理論として登場するのが、いわゆる「ポストモダン思想」ということになります。

新左翼運動が、社会システムがどうこうより〝他ならぬこの私〟のありよう、まあ云えば〝生きざま〟にこだわる一群の思想、つまり「実存主義」的な傾向を強く持っていたことは、当時から自覚されていたはずです。

そして、**ファシズムとは何よりもまず実存主義の政治運動であり、また、（米ソに洗脳された人々のイメージに反して）アナキズムともっとも親和性が高い政治思想なのです。**

絓《すが》秀実氏は一連の〝68年〟論で、ソ連的共産主義のお題目である「インターナショナリズム」への反発も一つの要因として、新左翼運動がいかにナショナリズムへの傾きを持っていたか、繰り返し論証しています。その〝傾き〟を華青闘に叱られたわけですが、ファシズムとナショナリズムの親和性については云うまでもないでしょう。

ファシズムの起源

ファシズムは1919年、つまり第一次大戦終結の翌年に、イタリアで誕生しました。

ムソリーニが「**戦闘ファッショ**」という政治結社を作り、自身の運動をファシズム運動と呼んだのが、その始まりです。戦闘ファッショはやがて「**ファシスト党**」と改称し、22年に政権を樹立して、25年には一党独裁体制を完成させます（ドイツでヒトラーが政権を獲るのは33年のことですから、ずいぶん先行しています）。

ただし、ファシズムという名前がまだ付いていなかっただけで、これとほぼ同質の運動が、もっと前にフランスで始まっています。ファシズム発祥の地は、実はフランスなのです。

ジョルジュ・ソレルという思想家が、フランスのファシズム誕生のキー・パーソンです。ソレルはもともとマルクス主義陣営に近い思想家でしたが、19世紀末にマルクス主義運動の主流が議会進出路線に転換していくのを見て幻滅し、実力行使による既存体制の打倒を目指すアナキズム運動の中から出てきた「**アナルコ・サンディカリズム**」[★1]の一派に接近して、その代表的な理論家となっていきます。

アナキズムは一般的に「無政府主義」と訳されます。政府や国家権力こそあらゆる抑圧の元凶で、どんな政府も倒す、ということを繰り返した先に、現在の私たちにはどんなものか想像もつかない何か理想的な〝無政府〟の社会が築かれる（かもしれない）という、〝永遠の反体制派〟であることを良しとするアナキズムもありますし、アナルコ・サンディカリズムのように、とにかく労働運動をひたすら高揚させて、それを指導する労働組合がそのまま自治組織の役割を兼ねれば、そのさらに上に政府だ

[★1]「アナルコ」とは〝アナキズム的〟の意味、「サンディカー」とは英語で云えば「シンジケート」で具体的にはここでは〝労働組合〟を意味します。つまり直訳すると「無政府主義的労働組合主義」ということですが、「労働組合至上主義」などと訳されます。

の〝前衛党〟だのは必要ないじゃないか、という多少は現実的なアナキズムもあります。

また、実力行使の手段も、過激な武装闘争を主張するアナキズムもあれば、アナルコ・サンディカリズムのように、ストライキを何よりも重視するアナキズムもあります。ただし議会進出路線、つまり既存の政府に参加しようとする路線だけは、アナキストには徹底的に忌避《きひ》されます。

もともとは同じ「社会主義」運動の圏域にあったマルクス主義とアナキズムですが、19世紀後半に決定的に対立します。

国家権力を廃止するためには、国家権力の廃止を目指す自分たちが国家権力を握って独裁政治をおこなう期間が必要だとするマルクス派[★2]に、アナキストたちが反発したからだとよく云われます。しかしその説は怪しく、実際には、マルクス派に早くから見られた議会進出路線への傾きが、アナキズム派の代表格だったバクーニンには許し難かったようです。

マルクスもバクーニンも死去した後、19世紀末にアナキズムの大御所《おおごしょ》的な思想家と

[★2] つまりマルクス主義者にとっても国家権力は〝悪〟であり、その廃止は〝最終目標〟ではあるのです。

なったクロポトキンが、マルクス主義とアナキズムの違いについて、国家廃止の〝最終目標〟のために過渡的な革命政権の必要を認めるか否かであると説き、かつ、マルクスとバクーニンの対立もそういうものであったかのように強弁しました。

ところがバクーニンはバクーニンで、〝無政府〟の理想へと至る過程においてはアナキストの結社による**「不可視の独裁」**とやらが必要だと主張していたのです。それがマルクス派の云う「プロレタリア独裁」とどう違うのかという説明は省きますが、少なくともバクーニンにとって、**「アナキズム」と「独裁」は相容れないものではないらしい**、ということは分かります。

クロポトキンによるデッチ上げに近い〝アナキズム史〟が、その後もアナキズム運動の世界では無批判に継承されていて、バクーニンを歴代のしかも最重要級のアナキズム理論家の一人と評価し続けてはいる現代の自称アナキストたちも、バクーニンのこの一面はなるべく見ないことにしているようです。

話を戻すと、ソレルは「ゼネラル・ストライキ」（一国規模の一斉ストライキ）こそ労働者階級の手に唯一残された革命的戦術であると論じて、フランス、スペイン、イタリアなどで盛んだったアナルコ・サンディカリズムの運動に期待をかけました。

一方、フランスの右翼運動の世界では、若い活動家の間から、「我々も労働運動に取り組むべきではないか」という問題提起が繰り返し起きていました。

そしてやがて、ソレル派のアナキストたちと手を組むことを考え始めたのが、「**アクシオン・フランセーズ**」という右翼団体で活動していた若者たちです。アクシオン・フランセーズは、資本主義と民主主義とを両輪として全面化してきた「近代」という時代に根本的に異議を唱え、したがって当然、議会などという〃近代的〃な制度には一切与せず、街頭でひたすら暴れ回ることによって、近代化を推し進める既存政府を揺さぶり続けていた集団です。

アクシオン・フランセーズの若者たちは、実際にアナキストの若者たちと共に、「**プルードン会**」というグループを1911年に結成します。ファシズム研究の世界的権威であるゼエヴ・シュテルネルによれば、これが史上初の（事実上の）ファシズム団体です。

プルードンも、バクーニンと並ぶアナキズムの元祖的な思想家であり、したがって、ファシズムとアナキズムの親和性は、その出発の時点からすでに露骨に明らかだとも云えます［★3］。

その後もフランスでは、アクシオン・フランセーズ系右翼とアナルコ・サンディカリズム系左翼の共闘が何度も試みられました。そこから輩出した人々の一部は第二次大戦中、ナチスが直接占領したフランス北部とは別個にフランス南部に樹立された、ナチスの傀儡政権［★4］に結集しています。

未来派とファシズム

ムソリーニは、自分にもっとも影響を与えた思想家の一人として、ソレルの名を挙げていました。ソレルの側も、議会主義に拠《よ》らずに革命を果たしたムソリーニを、その点では同様であるレーニンと並べて絶賛しています。

ムソリーニはもともと、限りなくアナキズムに近い、マルクス主義陣営内の極左派の指導者でした。イタリア社会党［★5］の機関紙編集者として、党員ではないアナキストたちの寄稿も受け付けたりして党内外の過激分子たちに熱狂的に支持され、指導者

［★3］アナキストによる「不可視の独裁」を唱えたバクーニンこそ、これは批判的にでしょうが、最初のファシストだとする研究者もいるようです。

［★4］この南仏「ヴィシー政権」が、当時は国際的にもフランスの正統政権として扱われていました。したがって、フランスは第二次大戦におけるれっきとしたファシズム陣営の一員であり、敗戦国として扱われるべきだったはずです。日本の〝68年〟の運動は、自国の〝戦後史〟の欺瞞を突くところまで到達しましたが、何かと賞揚されるフランスの〝68年〟がそこまでたどり着けたのか、大い

として頭角を現すのです。
第一次大戦勃発に際して、参戦を唱えたために社会党を除名されたわけですが、その参戦論は、例えば愛国心に突き動かされたなどの右翼的なものではなく、ほとんどレーニンと同じ、いやレーニン以上に極左的だったとも云いうる、「戦争を内乱に転化せよ、そのためにはまず参戦せよ」というロジックで展開されたことは前章でも述べたとおりです。

ここで「**未来派**」にも触れておかなければなりません。
19世紀末以来、ヨーロッパの先鋭的かつ〝良心的〟な芸術家たちは、〝近代〟という時代の行き着くところを悲観し、懐疑的・厭世《えんせい》的・退廃的になっていました。「世紀末芸術」というやつです。
こうした風潮を、「何を女々しいこと云ってやがる。これまでのどんな芸術より、近代的な工場や機械、自動車や飛行機、さらには暴動や革命や戦争という事態こそ美しいのだ！」と一喝した、〝近代〟全面肯定の、マッチョな、しかし20世紀最初の巨大な前衛芸術運動が「未来派」です。

に疑問です。〝68年の思想〟の代名詞であるフランス発祥のいわゆるポストモダン思想は、自国の〝戦後史〟の欺瞞を引き続き糊塗することで初めて成り立っていると千坂恭二氏は指摘しています。

[★5] 第一次大戦前したがってロシア革命前の話で、ソ連派と同義である「共産党」は当時まだ世界中どこにも存在しません。

第一次大戦の勃発を承け、まず参戦を唱えて、中立を守ろうとする政府を突き上げたのは、未来派の芸術家たちでした。続いてアナルコ・サンディカリストたちの間からも参戦運動が登場します。ムソリーニはむしろ、それらの運動が高揚し始めたのを見て、自らも参戦派に転じる決意を固めるのです。

したがって大戦終結後にムソリーニが「戦闘ファッショ」を結成した時点でも、参加者の大部分はそれら未来派の前衛芸術家とアナキストたちでした。

ムソリーニ自身、この段階ではまだ極左活動家のつもりでいたでしょうし、むしろ、革命への展望がない既成左翼[★6]と訣別《けつべつ》して、唯一の現実的で斬新な左翼革命運動を創始したつもりでいたはずです。つまり**ムソリーニのファシズム運動は一種の新左翼運動として始まった**とも云えます。

党主義者の党

ところで重要なのは、ムソリーニが自身の運動を「ファシズム」と称し始めたこと

[★6] レーニンもムソリーニには注目しており、イタリア社会党がムソリーニを除名したとの報に接して激怒し、「これでイタリア社会党は革命を起こす能力を失った」と断言したそうです。

それ自体です。

〝ファッショ主義〟ということですが、〝束《たば》〟を意味する「ファッショ」という言葉は、もともと〝〜の集い〟とか〝〜の会〟という意味で日常的に使われていたイタリア語にすぎません。〝束〟という団結っぽいイメージを踏まえると、〝〜団〟と訳すのが一番良さそうですが、いずれにせよ〝集い、会、団〟という程度の意味しかない言葉なのです。

普通は、〝〜の会〟とか〝〜団〟という運動がその依拠する思想に名前を付けようとする場合、〝〜〟のほうに〝主義〟を付けて「〜主義」とするものではないでしょうか？

ムソリーニの団体は要するに〝戦闘団〟です（歴史教科書などで、わざわざ「戦闘ファッショ」と一部カタカナにしているのは単に「ファシズム」の語源を分かりやすく示すためで、深い意味はないはずです）。だったら「戦闘主義」とでもすればよいところを、ムソリーニは「**団主義**」を掲げたわけです。

ここは驚いて立ち止まるべきところでしょう。

まして「戦闘団」をやがて改編して結成される「ファシスト党」など、意訳すれば

〝党主義者党〟であり、思想内容的なことは何も云っていないに等しい党名なのですから！

しかし、ここにこそファシズムという謎めいた思想の本質・奥義《おうぎ》があります。

つまり**ファシズムという思想に〝内容〟はない**のです。

とりあえず掲げられている政治的な主張などは字義どおり〝とりあえず〟のものでしかなく、少なくとも二義的なものにすぎず、その〝とりあえず〟の主義主張を軸として**現に自分たちが結集し、団結し、一つの運動を共に担っているということ自体に第一の価値を見出す思想がファシズムなのです。**

したがって、〝内容〟には何を代入することも可能です。

ヒトラーのように「反ユダヤ主義」を代入することもできますが、もともとアナキズム寄りの極左活動家だったムソリーニにそういった差別的人種主義は稀薄です［★7］。

つまり、ファシズムを否定したい人々がよく云うような、「ファシズムは必ず人種差別に結びつく」などということはあり得ません。人種差別主義に結びつくこともあるし、その反対のものと結びつく可能性も、（後述するようにグローバリズム的なもの以外

［★7］ただし一応注釈しておくと、ナチスの反ユダヤ主義も、単純かつ蒙昧な差別意識に由来するばかりでなく、要は今で云う〝反グローバリズム〟の側面が濃厚です。当時ユダヤ人は国際金融資本の象徴的な担い手のように見なされていて、左翼の間にも反ユダヤ主義は広く浸透していました。ファシズムは思想の〝内容〟にあまり重きを置かないとはいえ、別途解説するように、だからこそ特定の〝内容〟を全人類に押しつけようとする〝グローバリズム〟は、ファシズムとは相容れません。

なら）他のどんな主張とでも結びつく可能性があるのがファシズムという〝内容のない思想〟なのです。

（自由主義と民主主義は対立する）

自由主義と民主主義の対立、という問題もこれと関係してきます。

自由主義は、諸個人に対する国家権力の介入を、可能な限り許さないという立場です。民主主義は、国家権力の意思決定に、可能な限り多くの国民を参加させようとする立場です。国家権力から諸個人を守るために発明された「人権」という概念は自由主義的なものであり、国民の政治参加の手段である「選挙」は民主主義的なものです。

自由主義と民主主義ではもともと問題意識のありようが違うわけです。したがって両者は必ずしも親和的ではありません。例えば、民主主義者は投票を義務のように云いがちですが、自由主義者はそんなことを強制される謂《いわ》れはないと反発します。そもそも〝全員参加〟の国家権力など巨大なシステムになるに決まっていて、国家権力の縮小を求める自由主義の立場からはそれは好ましい事態ではないことを考えれば、**むしろ自由主義と民主主義は原理的に対立するものだと云ったほうがいいでしょう**[★8]。

ナチス擁護派の政治学者ですが、反ファシズム派も参照せざるを得ないほど画期的業績の多いカール・シュミットの主張が広まって、ファシズムは民主主義の究極の形であると指摘する者が、反ファシズムの民主主義者の中にさえよくいます。民主主義とは結局は多数決であり、その究極の理想は全員一致ということになりますから、言論の自由[★9]を排して全員一致の体制を実現したナチズムこそ民主主義の完成形だというのです。シュミットを援用する現代の民主主義者たちは、民主主義が往々にして招きがちな〝多数派の横暴〟を、〝良心的〟な民主主義者として憂慮しているわけです。

しかしシュミットが云うのは、ナチズムはそうだったということにすぎません。

ムソリーニのファシズムは明確に自由主義の立場から民主主義を否定しています。「**すべての色彩を消し去り、すべての個性を平板化する匿名にして灰色の民主的平等主義**」というのがムソリーニの民主主義批判です。

そもそもドイツでも、ナチスは本来、ファシズム運動の傍流でした。自由主義的な

[★8]〝極端に云えば〟ですが、自由主義者にとっては、選挙などを通じて〝政治参加〟できずとも、つまり貴族階級のような特権的少数者だけで国政が運営されようが、その政策が諸個人をあまり抑圧しないものであれば別にそれでかまわないし、民主主義者にとっては、どんなに諸個人の人権を蹂躙するような政策であっても、大多数の国民が賛同しているのであれば別にそれでかまわないということになります。

[★9]「言論の自由」はもちろん民主主義ではなく自由主義の徳目です。

ファシズム主流派からは、選挙で政権獲得を目指そうというナチスの民主主義的な方針は批判されていたのです。ただ、結果的にナチスは政権獲得に成功し、現在でもファシズムの代名詞のように云われるほどの存在感を残すわけですが……。

いずれにせよ、**〝内容〟のないファシズム思想には自由主義を代入することも民主主義を代入することも可能**だということです。

わざと云ってるんじゃないかと疑わしいほど（実際わざと云ってるんだと思いますが）〝近代〟を無邪気に全面肯定する、未来派の芸術家たちとの結びつきからも容易に想像されるとおり、ムソリーニのファシズムは近代主義的です。しかし、頑固な反近代主義のナショナリズム団体「アクシオン・フランセーズ」の周辺から登場してくるフランスのファシズムは反近代主義的だったりもします。

（とことん〝自由〟なファシズム運動）

ムソリーニの「戦闘ファッショ」結成集会では、互いに矛盾する政治的スローガン

が平然と並べられ、またそれらと矛盾する演説が平然とおこなわれていました。〝内容〟などどうでもよく、現にその場に大勢の人間が集まり、同志としての一体感を持ち、共に革命運動を担う決意を再確認して、熱い気持ちになっていることそのものにファシズムは価値を見出すのであり、いったん同志として迎えられた個々人が何を主張しようが問題にされないわけです。

したがって、ファシズム結社の内部では、〝言論の自由〟が最大限に認められます。これはナチスですらそうでした。ファシズムがまるで、無個性で指導者のコピー然としたロボットのような人々によって担われるかのイメージは、完全な誤解、というよりアメリカとソ連の共同プロパガンダででっち上げられたものです。**ゲッベルス**、**ヒムラー**、**ゲーリング**……といった個性豊かなナチス幹部たちを思い浮かべるだけで、そのことは明らかなはずでしょう。

民主主義的なナチスですらそうなのですから、自由主義的なムソリーニのファシスト党はもっとメチャクチャです。とくに初期は「入党したければ地元の支部に行ってみなさい。そこの連中と気が合えばその一員になればいいし、もし気が合わなければ地元にもう一つ別に支部を作りなさい」という方針だったというのです。

もちろん党外の言論は制限されました。ソ連やアメリカではファシストが弾圧されたのですから〝どっちもどっち〟とも云えますが、〝程度の差〟を重視するなら、アメリカニズムが一番寛容で、共産主義がもっとも苛烈《かれつ》であり、ファシズムはその中間でしょう。

そもそもソ連圏では、共産党内にすら言論の自由はありませんでした。イタリアのファシスト政権下では、イタリア共産党の指導者グラムシは当然ながら逮捕され、事実上の獄死を遂げますが、獄中では読書や執筆をほぼ完全に許されていて、その獄中ノートが冷戦期の世界中の左翼運動に巨大な影響を与えることになります[★10]。ソ連が獄中の〝反革命分子〟にそのような寛大な処遇を認めることは考えられません。

イタリアではむしろ、ファシズム政権成立以後、政治犯の数は激減しています[★11]。後述するようにファシスト党は「超人」の結社ですから、党外の無力な凡人の言論など何ら脅威ではなく、ソ連陣営と結びついた共産主義者さえ抑えこんでおけばそれでよかったのだろうと思います。

[★10]第4章で何度か出てきた「構改派」とは、狭義にはグラムシ主義派のことです。

[★11]ナチズムはともかく、イタリア・ファシズムはアメリカニズムよりはるかに寛容だったかもしれません。第二次大戦下のアメリカでは、数万人のドイツ系・イタリア系・日系のアメリカ人が、ただその民族的出自を理由に潜在的危険分子と見なされて強制収容所に入れられましたが、ロマノ・ヴルピッタ『ムッソリーニ』によれば、同時期のイタリアで、政治的な理由により何らかの形で自由を制限されていたのは2000人たらず（うち懲役受刑者は20人あ

実存主義とファシズム

さて、〝内容〟がないことを本質とするファシズムには、だからこそ一般的な傾向が存在します。

第一次大戦前のフランスに発祥したそれもすでに近代の〝普遍的〟諸理念を否定する傾向を強く持っていましたが、戦争終結後のイタリアで本格化するファシズム運動が、米ソをそれぞれの担い手とする二種類の、人類共通の〝普遍的正義〟なるものを拒絶するものであったことは、第3章ですでに述べたとおりです。

〝内容〟がないことはその当然の結果でもあり、積極的に打ち出される何らかの〝内容〟があるとすれば、それもまた一つの〝普遍的正義〟になってしまいます。**ファシストは単に、それが何であれ、何らかの〝普遍的正義〟が世界全体を覆ってしまうことを阻止したいだけです。**

そのための現実的選択として、決して〝普遍的〟ではありえない、それぞれの地域的・民族的・文化的な共同体ごとに形成された〝ローカルな正義〟や伝統的価値観を

まり）だったそうです。当時のアメリカの人口はイタリアの2、3倍ですから、単純計算してもファシストの支配するイタリアのほうがずっと〝自由〟です。

守ろうとする勢力、つまり右翼、ナショナリストたちと手を組むことになりがちです。

考えてみれば彼らもまた、米ソが押しつける〝普遍的正義〟に抵抗しているわけです。ファシストがいわば何も信じていないのに対して、ナショナリストは自らが生まれ育った〝故郷〟の伝統的価値観をベタに信じている点は違いますが、共闘しやすいのです。

仮にファシズム陣営が米ソに打ち勝って世界支配を実現していれば、それぞれの地域を独裁するファシズム結社が、地元のナショナリストたちと組んで、西欧は西欧、ロシアはロシア、東アジアは東アジア、アラブはアラブ……の、まだら模様の世界を維持したでしょう。〝普遍的正義〟による世界の画一化を目論むアメリカニズムや共産主義の反体制運動をもちろん弾圧しながら、です。

先述のように、実存主義的な傾向も各国のファシズムに共通しています。

ムソリーニとヒトラーの双方が強い影響を受けたことを公言しているのが、**ニーチェ**の哲学です。ニーチェはまさに〝普遍的正義〟を否定した思想家である、と考えることもできます。そんなものを求めるのは人間の弱さの表れであるとし、〝信じる〟

に足る何かが存在しなくても、強く逞《たくま》しく生きることのできる「**超人**」を称揚したのがニーチェだからです。

ナチス党内には、社会主義的傾向が強い〝左派〟と、実存主義的傾向がとりわけ強い〝右派〟という二つの反主流派が存在しました（このようにナチスも一枚岩ではありません）。実存主義哲学の巨匠であるハイデガーは、右派のナチス党員でした。

ベルグソンというフランスの哲学者も、一種の実存主義を唱えたと云っていいでしょう。「生《せい》の哲学」と呼ばれて……とにかくまあ、〝生の躍動《やくどう》〟を云々していたような人です。ユダヤ人だったのにナチスのパリ占領後もまったく迫害を受けなかったのは、ナチス幹部にベルグソンの信奉者が多かったからだとも云われます。

日本のファシズム運動

第二次大戦における日本は、ファシズム国家であるドイツ、イタリアと同盟を組んだだけで、自身はファシズム国家ではありませんでした。これは擁護して云っているのではなく、私はファシストなんですから当然、批判として云っているわけです。当時の日本のファシズム運動の担い手たちは政府によって完全に弾圧されてしまったのですから、日本にファシズム体制など成立したわけがありません。

日本のファシズム運動もまた、左右共闘の試みとして始まっています。 フランスの場合に似て、それはまずは右翼側からの働きかけによるものでした。

1918年に「老壮会《ろうそうかい》」という、思想の左右などを問わない月イチの交流会が、欧米列強からのアジアの解放を目指す「アジア主義」的な右翼の主導で立ち上げられます。左翼側からも、マルクス主義者の**堺利彦**、アナキストの**大杉栄**などが常連的に参加していました。このうち、やはり左翼の参加者だった**高畠素之**《たかばたけもとゆき》が、日本における「国家社会主義」つまりファシズムの最初の提唱者となるのです［★12］。

ちなみに高畠に10年ほど遅れて「国家社会主義」を提唱し始める**赤松克麿**《あかまつかつまろ》も、もともとは左翼陣営の主要な一員です。赤松は、日本最初の学生運動組織の一つであり、次第に共産党の一大拠点となっていく、前章の冒頭でも触れた東大・新人会を19年に創設した中心人物でさえあります。

［★12］高畠は日本における最初の、そして第二次大戦前には唯一の、マルクス『資本論』の完訳者でもあり、当時の左翼論客の中でもかなりの大物だったと云えるでしょう。

日本のアナキズム運動史（というより日本の革命運動史全体）の最大のヒーローである大杉栄も、そもそもベルグソン哲学にハマっており、かつマルクス主義陣営との対決的姿勢が当時のアナキストたちの中でもとりわけ色濃く、もし23年の関東大震災のドサクサで憲兵隊に殺されずにあと数年生き延びていれば、間違いなくファシストに転じていたはずです［★13］。

日本のファシズム運動にはイタリアやドイツのそれに比べて今ひとつ華やかさが足りませんが、派手なパフォーマンスや恋愛スキャンダルなどで世間一般からも注目の的だった大杉がその中心にいれば、きっと違う展開をしていただろうにと悔やまれます。

5・15事件に連座した民間グループ「愛郷塾《あいきょうじゅく》」の中心人物・**橘孝三郎《たちばなこうざぶろう》**も、一般的には右翼思想家に分類されますが、クロポトキンを信奉するアナキストでもあります。伝統的な祭祀《さいし》を司る〝王〟のもとで人々が農耕生活を営む分権的で自治的な共同体（「社稷《しゃしょく》」）の理想は、近代国家のありようとは相容れず、橘や、あるいは**権藤成卿《ごんどうせいきょう》**といった「農本《のうほん》主義」的な右翼思想家たちは、むしろアナキズムに傾いていくのです。

［★13］いきなり権威にすがってしまいますと、日本のポストモダン思想の大御所である、かの柄谷行人センセイも、『批評空間』第II期第4号掲載の共同討議「アナーキズムと右翼」の中でそのように云っておられます。

2・26事件で処刑された北一輝《きたいっき》も、最初は社会主義者として出発し、やがて国家主義と社会主義の結合を図った活動家兼思想家です。自分では「国家社会主義者」とも「ファシスト」とも称していませんが、まさに典型的なファシストに転じていったと考えていいでしょう。ちなみに北がその立場に明確に転じて、次第に当時の右翼革命派のバイブルとなっていく『日本改造法案大綱《たいこう》』を書くのは、ムソリーニが戦闘ファッショを結成したのと同じ19年のことです。

はっきりと「ファシスト」を自称していた代表格は、中野正剛《なかのせいごう》です。中野もまた、大正デモクラシー期に思想形成したリベラルなジャーナリストとしてまず世に出た人で、〝左翼〟というほどではありませんが、〝左派〟ではあったでしょう。20年に衆議院議員となり、曲折あって36年に自身が主宰するファシズム政党「東方会《とうほうかい》」を結成するに至ります。

東方会は、当時の左翼の避難所にもなっていたようです。ファシズムは同盟国であるドイツ・イタリアの国是《こくぜ》ですから、弾圧を受けたといっても、敵国ソ連と通じた共産主義勢力が受けたほど過酷なものではなく、中野は、とくに共産党から排除された マルクス主義者たちに、東方会へ身を寄せて弾圧を避けるよう手を差し伸べていたわけです。

40年に大政翼賛会が結成されると、東方会も解散してこれに合流しますが、ほどなく袂を分かちます。42年のいわゆる「翼賛選挙」では、大政翼賛会の「推薦候補」か「非推薦＝無所属」という形でしか事実上立候補できなかったわけですが、中野は466人中85人の〝非推薦〟当選者の一人となります。

なお、この翼賛選挙の〝非推薦〟当選者のかなりの割合を、ファシストやそれに近い人々が占めています[★14]。当時の日本の政治体制がファシズムとはむしろ対立的なものだった証拠の一つでしょう。

中野は次第に東條英機《とうじょうひでき》の戦争政策への（もちろん「これでは勝てない」という立場からの）批判を強め、倒閣に動いてついに露骨な弾圧を受け、43年に自決しています。

ここまで挙げた中では、北一輝や中野正剛も前記「老壮会」のメンバーです。

「右翼パンク」を自称し、数少ないファシズム擁護派の批評家である福田和也氏の『地ひらく』を読めば、陸軍参謀で満州事変の首謀者だった石原莞爾《いしわらかんじ》も、（そう自称してはいませんが）当時の有力なファシストの一人だったことが分かります。石原もまた、

[★14] 例えば、以下のような人々です。高畠素之の影響下でやはり左翼から国家社会主義へと転じ、敗戦後は「大日本愛国党」総裁として民間で活動、米ソ対立構造下でのやむを得ざる選択として〝親米〟を掲げつつ、90年に死去するまで日本の右翼の代表的存在となる赤尾敏。当時は熱烈なムソリーニ主義者で、敗戦後はヤクザ系右翼の元締めとなり、〝政財界の黒幕〟とも呼ばれた笹川良一。北一輝の弟でもちろんその影響も受けていた、武蔵野美大・多摩美大の創設者でもある北昤吉。55年体制下で最もファシズムに近かったとも云える社会党右派

東條と対立して窓際に追いやられ、第二次大戦が始まる以前に失脚しています。

大戦中には、中国人や朝鮮人も含む数万人規模のファシズム団体（と云っていいでしょう）「**東亜連盟**」を主宰し、東條暗殺まで企てました。42年の翼賛選挙では、この東亜連盟からも何人かの〝大政翼賛会非推薦〟の当選者が出ています。

帝国軍人たる石原の思想にはさすがにアナキズムの要素は稀薄ですが、関東大震災のドサクサに大杉栄が殺されたとの報に接すると、大杉を「目下日本における偉大なる人物の一人」として、その死を惜しむ文面の手紙を自身の妻に宛てて書いているようです。

人々を〝個〟に解体する資本主義・民主主義

ファシズムは「国家社会主義」とも訳されるように[★15]、おおよそ共通する傾向として、国家主義と社会主義の要素を併せ持っています。だからこそ**国家主義的な右翼と社会主義的な左翼の共闘**として始まる場合が多いわけです。

あるいは民社党の指導者となっていく、西尾末広、水谷長三郎、平野力三ら。

[★15]もっとも「国家社会主義」は「ファシズム」ではなく「ナショナル・ソーシャリズム」の略である「ナチズム」の訳語であり、「ファシズム」の日本語訳は存在しません。先述したように実際には〝党主義〟、あえて意訳すれば〝団結主義〟といったところでしょう。

この場合の「国家」とは官僚的な国家機構ではなく民族的・文化的な共同体のことであり、「ナショナル」は「国民的」あるいは「民族的」とも訳せますから、本当は「国家社会主義」ではなく「国民社会主義」とか「民族社会主義」と呼ぶほうがいいのでしょうが、とりあえず措いて、以下「国家主義」ではなく「ナショナリズム」としておきます。

ファシズムが、ナショナリズムと社会主義に親和的なのは、資本主義と民主主義に反対しているからです（ナチスは民主主義的であるがゆえに本来はドイツ・ファシズムの傍流だったことはすでに述べました）。

資本主義と民主主義はいずれも、というより相乗効果的に、人々を〝個〟に還元していく作用を持っています。この場合の〝個〟とは、自由主義的な「個人主義」の主体であるようなそれではなく、批評家の東浩紀《あずまひろき》氏が云う「動物化」という事態、近代的な「人間」の言動を律していた〝意味〟や〝目的〟から切り離されて、動物的な反射・反応の世界に生きるポスト近代的な主体（というより〝主体性〟それ自体を欠いた非主体）のことです。

原理的に見ていきましょう。

まず資本主義のほうが民主主義よりも先に、世界規模に拡大していきます。

その過程で、原材料を仕入れるにも、完成した商品を売り捌《さば》くにも、それらを流通させる局面でも、前近代的な諸々の規制は邪魔になり、力づくでも取り払われていきます。外国製品の流入から自国の産業を守るための関税や、大規模産業に労働者を集めるに際して障害となる身分制度などは撤廃を求められ、これに抵抗する伝統的・保守的な支配者たちは各国で退場を強いられました。

先進国で起きるそれを「ブルジョア革命」、後進国で起きるそれを「資本の文明化作用」などとマルクス主義では説明しますが、そうした展開は、伝統的で不合理な封建支配からの諸国民の〝解放〟という側面がありますから、とりあえずは歓迎されもします。

ところが、伝統的支配は伝統的価値観とも当然強力に結びついており、伝統的支配の崩壊は伝統的価値観の崩壊をも必然的に招くので、人々は次第に、それまで親しんできた〝生きる指針〟を失ったことに不安を覚え始めるのです。

伝統的共同体の軛《くびき》から解放され、バラバラにされた人々をまとめるための政治システムとして発明されるのが民主主義ということになります。
誰もが従っていた伝統的な権威が崩壊し、各人がどんな考えを抱こうがかまわないことになったわけですが、それでは社会全体の方針を決める政府も何を根拠にさまざまな法律を制定したりして人々にあれこれ指図する権利があるのか、ということにもなってしまいます。じゃあその政府自体を、〃一人一票〃の平等な投票によって選出すれば文句はあるまいということで、バラバラな人々を、バラバラのまま統合するシステムが民主主義なのだと云ってもいいでしょう。

資本主義にとってはもちろん、民主主義にとっても人々はバラバラであるほうが望ましい、という点が重要です。

理想的な民主主義における投票は、伝統的なしがらみに左右されたりすることなく、各人それぞれの判断で〃自由に〃おこなわれるものでなければいけません。したがって例えば伝統的な宗教組織や地域共同体が、各人の投票行動に介入することはあってはならないし、できれば影響を与えることさえ阻止したいと民主主義者は考えます。それら伝統的なものばかりでなく、資本主義と民主主義を両輪とする「近代」社会が成立して以降に作られた、業界団体や労働組合、さらには政治団体といった近代的組織さえ、時間の経過とともに次第に、各人の投票行動に不当に介入する〝守旧派〟的な存在と見なされるようになっていきます。

各人のバラバラの利害と、それらを民主的に統合した〝全体〟の利害との中間にある、複数の人々の共通利害に基づいて行動する大小さまざまの団体や共同体を、〝私《し》党《とう》〟的なものと見なして否認しようとする衝動を民主主義は原理的に抱えているのです。

その結果、現在の日本の政治状況を見ても「政党」とは名ばかりの存在でしかなく、（まあ〝共産党を除く〟［★16］）すべての「政党」は党員や支持者のみならず全国民の利害を代表する「国民政党」を自称しており、つまり何ら本質的差異を持たないわけで、大政翼賛会が形ばかり複数の「政党」に分かれて何か云い争ってるフリをしているにすぎません。

そしてこれは民主主義の後退ではなく前進であり、シュミットが云ったとおり、**大政翼賛会的なものこそ民主主義の究極の形**なのです。

冷戦期にはまだしも〝全体〟とは「全国民」の意味でしかありませんでしたが、ア

［★16］共産党は（大衆迎合的に半ば「国民政党」〝でもある〟と言葉を濁しつつ、基本的には）「階級政党」、つまり〝全国民の党〟ではなく〝労働者階級の党〟であると自称し続けています。

メリカニズムつまり〝資本主義と民主主義〟の一元支配体制が確立して、今や〝全体〟とは「全人類」を意味します。したがって諸個人と「全人類」との中間にある〝国家〟ですら時代遅れの存在と見なされ、リストラの対象にされつつあるわけです。

一国単位のものであろうと〝世界政府〟であろうと、政府の主要な役割は〝全体〟の秩序を維持することです。

諸個人と〝全体〟との中間にある諸々の利害共同体が、ごく最近までは民主主義体制下でも存在を尊重されさえしてきたのは、それら中間団体に、それぞれの傘下に集う人々の間の利害調整を任せる形で、秩序維持の役割をいくらか分担してもらうしかなかったからでもあります。例えて云えば、一定の割合でどうしても発生してしまう犯罪者たちの行動を、全面的な社会荒廃を現出させない範囲で統制する役割を担ってもらうために、警察がヤクザを必要とし、その存在を許容してきたことと似たような話です。

ところが、ＩＴの急速な発達が、一億人だろうが百億人だろうが、各人をバラバラなまま個別に監視・管理することを可能にしました。ＩＴそれ自体がそもそも軍事技術として開発されてきたことも重要ですが、それは措いておいて、こうなるともう諸々の中間団体は必要ありません。警察が独力で諸々の犯罪に対応できる自信をつけて、最近はヤクザを本気で潰しにかかっているのと似た話です。

「環境管理型」社会

ＩＴの活用を典型とする近年の秩序維持の手法を、ポストモダン思想家の代表格であるミシェル・フーコーはすでに80年代に、「監視・管理型権力」と呼び始めていました。

その前段として、前近代的な権力はその支配下にある人々の日常生活にあまり関心を持たず、たまに許しがたい不届き者が現れた場合に強権発動するものだったのに対して、人口の増大こそ国力の証《あかし》と考えられるようになる過程を経て、近代的な権力は支配下の人々が〝健康で文化的な生活〟を送れるように徹底的に気を遣う、いわば〝お節介〟なものに変質した、という分析があります。

フーコーは前近代のそれを「死なせる権力」(単なる「権力」)、近代のそれを「生かす権力」（「**生権力**《せいけんりょく》」）と呼びました。

もちろん、「だから生権力が支配する近代社会は素晴らしい！」という話ではありません。象徴的に云えば、**前近代では人々は国家権力に目をつけられた時に殺され、近代では人々は国家権力に見捨てられた時に死へと追いやられる、**というイメージです。近代社会では人々は国家権力に依存することなしには生きていけない、非自立的な存在であることを強いられているという話なのです。

その近代的な「生権力」による秩序維持とは、国家の構成員たる国民としては〝半人前〟と見なされる子供や病人や犯罪者たちを学校・病院・監獄で教育・治療・矯正するようなものです。あるいはそもそも、〝一人前〟の国民が経済活動に従事する工場も、組織的な労働規律を身につけるための教育施設としての側面を持っています。時に国家を外敵から防衛する必要が生じた場合には、〝一人前〟の国民を兵舎に収容して、さらに特別の訓練を施すこともあるでしょう。

総じて、人々を〝一人前〟の存在に育成するための施設やシステムを全社会的に張り巡らせるというのが「生権力」による秩序維持の手法であり、フーコーはこれを「規律・訓練型権力」と名づけました。

ところが、84年に死去する直前の時期ですが、フーコーは、どうも近年、大枠としては権力の存在性格は引き続き「生権力」と呼んでよかろうものではあるものの、その秩序維持の手法は、**「規律・訓練型」から「監視・管理型」とでも呼ぶべきものへと変質しつつあるのではないか**、と云い始めたわけです。

よく例に出されるのは、飲食店で長居をする客への対処方法です。「規律・訓練型」であれば、まずは幼い頃から「飲食店で長居をするのは店の迷惑ですからやめましょう」と繰り返し云い聞かせ、実際に長居をする子供がいれば親や周囲の大人が叱る、店としても「長居はご遠慮ください」と張り紙を出したり、目に余る場合は追加料金を取るなり警察に突き出すなりのペナルティを与える、といった対応になるでしょう。

これに対して「監視・管理型」の場合は、まず長く座っているとあちこち痛くなるような硬い材質の椅子にする、それでも長居する客がいる場合にはエアコンをきつくする、といった対応になります。ストレートに「長居はやめてください」などと云わずとも、客が自発的に出ていくように仕向けるわけです。それで「監視・管理型権力」は「環境管理型権力」とも呼ばれます。

ホームレスを排除するために、公園のベンチに仕切りの手すりを設けて寝そべることができないようにしたり、公共空間に無意味な〝オブジェ〟を設置してダンボール・ハウスなど建てられないようにしたりするのは、典型的な「環境管理型権力」の手法です。そういうイヤらしい手《て》練《れん》手《て》管《くだ》が、この数十年の間に次々と開発されてきました。

「環境管理型」の秩序維持の手法は、暑い／寒い、快／不快など、人間の動物的側面に働きかけるものでもあります。東浩紀氏の云う「動物化」の時代に対応する手法でもあるわけです。というより、そうした手法が開発されてきたからこそ、権力は、〝ヒトという動物〟を「人間」に矯正するための、やたら時間を食い税金を食う非効率な、全国民への〝規律・訓練〟実施の努力を放棄することが可能になったということでしょう。「動物化」はその結果であり、原因ではありません。

志ある若い読者を念頭に付け加えておけば、いわゆる文系の諸学問も本質的には近代的な「規律・訓練」システムの一環として国家的に保護されてきたものです。したがって現在では用済みで、大学の教養課程にせよ文系学部そのものにせよ、過去の遺物として切り捨てられているわけです（公立の「図書館」なんかも同様です）。

ちなみに絓秀実氏は全共闘運動について、時代遅れになりつつあったにも関わらずまだ一般にそうは思われていなかった「規律・訓練型権力」に抵抗する運動でもあったと分析しています。

冷戦期の大学における教授会や学生自治会（あるいは学外の労働組合）なども、民主主義社会をその一員として担うにふさわしい主体を育成するための〝規律・訓練〟の装置でした。全共闘は、大学当局のみならずそれら〝民主的〟な自治機関をも敵視して暴れまくったので、多くの人には意味不明な運動だったばかりか、教授会や学生自治会による「民主的自治」を尊重する〝旧〟左翼やリベラル派の怒りを買いさえしたわけです。

絓氏はまた、全共闘は同時に、「規律・訓練型」に代わって大学という場に萌芽的に登場し始めていた「監視・管理型」の抑圧に抵抗する運動でもあったことを指摘してもいます。つまり古い支配形態もイヤだが新しい支配形態もイヤで、しかし代案などないので、無期限のバリケード封鎖によって大学機構そのものを機能停止に追い込む以外になかったのだ、ということになります。

これから起きる共産主義革命

ＩＴを駆使した「監視・管理型」秩序維持の手法の発達によって、資本主義と民主主義のさらなる前進のためには足枷《あしかせ》となっていた諸々の中間団体（地域共同体、労働組合、業界団体、政治団体、民族、宗教、国家……）が、〝必要悪〟でも何でもない単なる無用の長物と化して心おきなく粉砕されるようになると、人々はいよいよ徹底的にバラバラにされていきます。

資本主義と民主主義は〝それでも〟上手くいく、というより、〝そのほうが〟もっと上手くいくのであって、これは資本主義と民主主義の自然成長的な必然的展開です。

ところで、**マルクスはもともと、資本主義から共産主義への移行は、資本主義の爛《らん》熟《じゅく》の果てに、資本主義の最先進国でまず起きるものと考えていました。**当時で云えばイギリス、フランス、ドイツ、あるいはアメリカなどでしょう。まさかロシアなどの後進国は、マルクスの眼中にもありませんでした。

だからロシア革命は「『資本論』に反する革命」とさえ云われ、レーニンら指導者たちですら、「ドイツでまもなく革命が起きるだろうから、ロシア革命はそれまで持ちこたえられればいい」と考えていたのです。レーニンの後を継いだスターリンがそれなりに優秀だったため、本来は「世界革命」でしかありえないはずの共産主義革命が、「一国社会主義」などという歪《いび》つな形でムリヤリ存続させられたわけですが、要するにかつて存在したソ連型の〃共産主義〃国家のありようは、マルクスがもともと考えていたそれとは似ても似つかぬものであったに違いありません。

つまり、**共産主義革命は、もし起きるとすれば、資本主義がおそらく極限の形にまで発達しきろうとしている、これから起きる**のです。

かつての非本来的な〃共産主義〃諸国は、アメリカをはじめとする資本主義先進諸国を冷戦に引きずり込むことで、余計なことに力を割《さ》かせて資本主義の発展を妨害し、結果としては本来の共産主義革命の時期を先延ばしする役割を担っていたとさえ云えます（もっとも冷戦のおかげでＩＴが発達したのですから、歴史というものはよくできています）。

資本主義がどんどん進むことは、よくよく考えてみると、それだけ共産主義革命の機が熟すということですから、共産主義者にとっても本当は望むところなのです。したがって、本書ではこれまで〝アメリカニズムvs.共産主義vs.ファシズム〟の三鼎対立の構図があるかのように説明してきたわけですが、それは不正確とも云えて、本当はアメリカニズムと共産主義とは共犯関係にあります。

正確に云えば、**アメリカニズムが資本主義の経済システムを極限まで推し進めていき、その結果これまでの民主主義的な政治システムは機能不全に陥って、自らの意思を政策決定に反映させられていないと憤激する人々の増大を招きます。極限的かつグローバルな資本主義経済システムに対応する極限的かつグローバルな民主主義政治システムの構築、つまり共産主義の世界革命を必然化するのです。資本主義と民主主義は両輪をなし、互いに支え合うものですから、資本主義の経済システムが民主主義的な政治要求を拒絶することは原理的に不可能です。**

それゆえ、この革命は〝必然〟です。

二つの反グローバリズム

アメリカニズムの延長上にグローバル資本主義が実現し、完成しつつあり、これに抗議する左翼陣営の「反グローバリズム運動」が、（日本以外では）世界中で燃えさかっています。

左翼の「反グローバリズム派」の怒りは、むき出しの資本主義が格差を拡大させ、全人口の〝1％〟だかの超富裕層が、カネの力で政治的意思決定を左右しながら好き勝手にやっていることに向けられているようです。つまり、自分たち〝99％〟の声も政治に反映させろ、という教科書的なまでに〝民主主義的〟な要求がなされているにすぎません。

他方、右翼陣営による反グローバリズム運動も、世界中でそれなりに燃えさかっています。

外国製品や外国人労働者の流入を阻止しようという、左翼陣営からは「レイシスト」呼ばわりされるような政治勢力の伸張ばかりでなく、何よりアルカイダやイスラム国など「イスラム原理主義」勢力による波状的攻勢だって、イスラム圏の伝統的価値観がグローバル資本主義に巻き込まれて崩壊させられることへの反発から生じているわけです。

そして、左翼陣営の反グローバリズム運動は、左翼なんだから当然ですが、往々にして男尊女卑的だったりする伝統的価値観とやらに基づく、それら右翼的な反グローバリズムの諸運動には冷淡です。彼らは、アルカイダやイスラム国を壊滅に追い込むことには大いに賛成で、アメリカ政府との違いといえば〝戦争で力づくでも〟なのか〝説得で〟なのかというだけなんですから、そんなものは同類と見なすべきでしょう。

左翼の云う「反グローバリズム」は、現状のグローバリズムを〝1%〟の富裕層によって歪められたものと見なし、もっと公正な、〝真のグローバリズム〟を要求する運動にすぎないのです（実際そう云っている左翼の「反グローバリズム」派はべつに珍しくもありません）。

そして一方、右翼陣営による、要はナショナリスティックな反グローバリズム運動には、最初から勝ち目がありません。彼らは資本主義と民主主義の共犯的な前進の〝必然性〟を理解していないからです。

「安全・安心」のユートピア

やがて実現することになる〝共産主義革命〟後の世界は、それなりに理想的で、快適なものでしょう。

世界政府の政策決定に全人類が〝一人一票〟の平等な立場で参加できるのですから、仮に経済格差が残るとしても、庶民感覚とやらが許容しうる範囲内にとどめられるはずです。

〝公共の安全〟を脅かさない限りは何をやろうが自由ですが、ＩＴと連動した〝監視・管理〟の徹底によって、犯罪的な行為はたいていの場合、実行に移される前に食い止められてしまう可能性もあります。何らかの事情で犯罪的傾向を身につけてしまった人は、刑罰より治療やカウンセリングの対象になると思われます。

もちろん受動喫煙をもたらして〝公共の安全〟を脅かすタバコなどは論外ですし、もしかしたら、人から自制心を奪って暴れさせたりする酒もそうなるかもしれません。

伝統的な価値観を持ち続けることももちろん自由ですが、左翼陣営の主導による当然の民主的要求によって実現した共産主義の世界では、〝68年〟由来のPC（ポリティカル・コレクトネス）こそが政治的正義であり、PC社会の実現を阻止することは物理的に不可能な状況（〝環境〟）が築かれるはずで、ただ内心それに反発することは自由だというだけです。まあ、そういう古臭くて〝間違った〟価値観から脱却できない〝老害〟世代がイライラを募らせるのも可哀想ですし、抗鬱剤ぐらいは処方してもらえるでしょう。

要はむしろ何も考えず、動物的な快／不快や欲求にのみ身を任せて生きていれば、自動的にPC〝監視・管理〟社会の設計者たちが意図するとおりに誰もが行動し、その総和として〝全体〟の秩序は理想的に保たれることになるはずです。

おそらく、実現してみれば大多数の人は共産主義の世界に満足すると思います。民主主義ですから、そもそも大多数の人が望む方向にしか進まないはずなので、当然と云えば当然です。

しかし、私はそのような世界が実現することを阻止したい。

だからファシストなのです。

繰り返しますが、資本主義と民主主義の相互作用的な発展の末に、人はバラバラの〝個〟に還元され、社会は近代的な〝人間〟あるいは〝個人〟の共同体ではなく、「動物化」した〝ヒト科の動物〟の〝個体〟の群れと化します。その〝動物の群れ〟の全体と一人一人（一頭一頭?・）の個体の双方に焦点化して、〝監視・管理〟技術を駆使した秩序維持がおこなわれ、人々は何も考えず、それぞれの動物的欲求に身を任せて〝ただ生きる〟ことをしていればそれで全部うまくいく、という共産主義世界の実現です。

人間がまだ半ば〝動物〟だった「原始共産制」の段階を離脱して、マルクス主義者たちが云うように古代奴隷制、中世封建制、近代資本制と変遷を辿ってきた〝人間〟社会の歴史は、その果てに再び人間の〝動物化〟をもたらし、ポスト近代の「未来共産制」へと帰着して「歴史の終焉」を迎えるのだ、と云うこともできます。

人間は〝ただ生きる〟ことができない

ところが！

80年代初頭のポストモダン思想ブームに際して注目された心理学者・岸田秀《しゅう》の有名なフレーズもあるように、「**人間は本能が壊れた動物**」です。

資本主義と民主主義の力で人間はどんどん「動物化」させられていきますが、そもそも人間は欠陥動物なんですから、純粋に動物的な生活をするには無理があります。

モノホンの動物は本能のままに行動するだけで（まあそれしかできないんでしょうが）、それがそのまま自動的にその個体やその種全体の利益になるように神様か何かによって創られていますが、人間は多くの動物とは違って、生まれたまま放っておかれたら食うこともできない期間がやたら長いのです。そもそも生殖行為なんてたぶん思いつきもしないでしょうし、子供が生まれても、おそらく自発的には世話を焼いて育てたりしません。

人間のそういう欠陥を補う役割を果たしてきたのが伝統的共同体で、その成員たちが共有させられるフィクションつまり伝統的価値観は、まあ金科《きんか》玉条《ぎょくじょう》化すると弊害も大きいでしょうが、大雑把には、「本能が壊れた動物」たる人間の個体や種全体の利益に沿うものではあったはずなのです。

〝言葉〟もまた人間の欠陥を補う役割を担ってきました。というより、言葉に依存して初めて、人間はフィクションを構築し、それを集団で共有して、本能が壊れているくせに個体や種を存続させることができたのです。本能完備のちゃんとした動物には言葉は必要ありません。

そしてここが問題なのですが、**資本主義と民主主義がいくら伝統的共同体や伝統的価値観を葬り去っていったとしても、おそらく人間は言葉を使うことをやめることはできません。**かつまた、言葉を使い続ける限り、人間は欠陥動物であることをやめることもできないのです。

なぜなら、言葉は〝意味〟や〝価値〟を生み出してしまうからです。いったん生み出された〝意味〟や〝価値〟は人間の思考や行動を束縛します。本能完備の動物は〝意味〟など生み出しませんし、したがってそんなものに縛られたりもしません。

さきほど、やがて実現するであろう共産主義の世界では、人間は何も考えずに〝ただ生きる〟ようになると述べましたが、実際には言葉というものがあるために、**人間には〝何も考えない〟ことなどできないし、〝ただ生きる〟こともできるわけがないのです。**

〝何も考えない〟ことが望まれ、むしろ強いられる共産主義の理想郷では、しかも反抗することも物理的に難しい〝環境〟が整備されるのであっては、**多くの人はただ精神を病むに違いありません。**日常的にカウンセリングを受けたり、抗鬱剤や睡眠薬を処方してもらっている人がもし増えているとすれば（増えているのでしょう）、私たちの世界はすでにそういう局面に突入しているということです。

ファシズム勝利への道

人間の生には〝意味〟や〝目的〟が必要だ、というのが（実存主義者たる）ファシストの根本的な主張です。

もちろんそんなものはすべてフィクションで、もともと生に意味も目的もありません。両親が生殖行為をおこなったから生まれてきたにすぎず、食ったり、排泄したり、寝たり起きたり、生殖行為をおこなったり残念ながら一生おこなえなかったりしながら、育ち、やがて病気になったり年老いたりして死んでいく、ただそれだけの存在です。

その身も蓋《ふた》もない事実を一方で直視しながら、それでも欠陥動物たる人間として言葉を使うという〝持病〟からは逃れられない以上、どうしても何かを考えてしまう存在であるという事実を否定することもできません。言葉は独りで使うものではありませんから、言葉が必然的に生み出すさまざまのフィクションが、複数の人間の間で共有されることが目指されるようになることもまた、必然的な展開です。

実は正直に云えば、**自分の生きる意味や目的を自分で創造し、それに依拠して人生を謳歌しうるニーチェ主義的な「超人」たるファシストにとっては、世の中の大多数の人々が意味や目的を喪失して（させられて）、ただ欲求のままに生きる〝動物〟の群れと化したところで、とりあえずはどうでもいいことです。**〝動物〟に成り下がりたい、ニーチェがまさに「畜群《ちくぐん》」などと呼んだ弱者どもは勝手にするがいい、しかし

〝この私〟は意味や目的を自ら創出し、〝人間〟であり続けるぞ、というだけの話です。

しかしそのような「超人」に嫉妬するのか恐怖するのか、いずれにせよ危険視し、自分たちと同じ水準に引きずりおろそうとするのが、ニーチェの云う「畜群本能」というやつです。〝人間〟であり続けようとする少数者たちにも、彼らは〝動物〟的な生を強要しようとします。ＩＴを駆使する政府にしじゅう監視されてるような状況を気にするな、要するにＰＣ的な正義に抵触しない生き方に慣れろ、と。

まあもっとも、「動物化するポストモダン」社会の完成を目指す環境整備は、「世界内戦」＝「まったく新しい戦争」＝「反テロ戦争」、何にせよ〝戦争〟として推進されているわけですから[★15]、そうした社会の完成を望まない少数派が〝敵〟として抹殺の対象となるのは当たり前のことです。〝人間〟であり続けたいファシストとしては、屈服してファシストをやめ「動物化」するのでなければ、徹底的に応戦して戦争に勝利する、つまりファシズム革命政権の樹立を目指す以外の選択肢はありません。

ファシスト＝「超人」はそもそも圧倒的な少数派でしかありえませんから、潜在的な同志の数も最初から限られており、単独では勝ち目がありません。

[★15] したがってこの戦争は〝共産主義世界革命戦争〟でもあります。

しかし幸いにも同盟を組みうる相手は存在します。やはり単独での勝利は望めないが、勢力としてはそれなりに強大な、右翼・ナショナリストたちです。

彼らもまた、伝統的価値観に基づく〝意味〟や〝目的〟を自らの生の指針とする〝人間〟であり続けたいと望んでいるのであり、人類共通の〝普遍的正義〟を押しつけてくる資本主義&民主主義のグローバリズムには猛烈な反感を抱いています。いかんせん理屈がないのが彼らの弱点で、とはいえ、〝普遍的正義〟を必然的に生み出す近代的な理性主義・合理主義への反感こそが右翼思想の本質なんですから、それも仕方がないことです。

しかし、ニーチェやハイデガーなどの実存主義哲学に依拠し、「理屈なんかどうでもいい」ということを理屈として組み立ててきたファシズム勢力と手を組むことによって、彼らはその弱点を補うことができます。ファシストの側も、右翼・ナショナリストと手を組めば、圧倒的な少数派であることから脱却できます。

ファシストとナショナリストが手を組んだところで、全体から見れば引き続き少数派ではあるでしょうが、ファシストとナショナリストは、〝人間〟であり続けようとするがゆえに、それぞれのフィクションを共有し、それぞれに団結することが可能です。これに対して、〝動物〟と化し続けていく多数派は、団結するためのフィクションを共有しえず、ただ群れることしかできなくなる一方なのですから、**勝機は必ずあるはずです。**

「党」に結集せよ

ファシズムには社会主義の要素もあることは、すでに述べたとおりです。

つまり、**ファシストは資本主義に反感を持っています。**資本主義と民主主義はイコールだと何度も繰り返しているのですから、これまた当たり前ではあります。**しかし、資本主義を終わらせてしまうと、その先に待っているのは「動物化したポストモダン」の共産主義的〝監視・管理〟社会であることもすでに明らかです。**

そもそもファシズムとは、イタリアやドイツの例でもそうだったように、反資本主義の社会主義者であるファシストの党が一党独裁体制を樹立し、その上でしかし資本主義経済システムを存続させる、というものです。経済格差を拡大させてしまうとか、伝統的共同体や伝統的価値観を崩壊させて人々の生から意味や目的を奪ってしまう、といった資本主義の弊害をよく理解している社会主義者＝ファシストによる統制のもと、しかし資本主義を続けるわけです。

純粋な資本主義社会では、国家権力は〝資本家の手先〟にすぎませんが、ファシズム社会では資本家階級よりファシストの「党」が上位に置かれ、国家権力を独裁的に運用します。党の指導に従わない資本家は、云うも憚《はばか》られるようなヒドい目に遭うでしょう。

今の中国とどこが違うのかと云われそうですが、中国はソ連型の歪つな〝共産主義〟体制の延長でたまたま形態上はファシズム体制に似たものを生み出したにすぎません[★16]。ソ連型〝共産主義〟とファシズムとでは依って立つ思想的根拠が違います。何度も繰り返すように、ファシズムは実存主義であり、もともとアナキズムに近いぐらいの自由主義思想なのです。

ファシストにとってナショナリストたちは同盟軍ですが、革命の主導権をナショナ

[★16]「中国はもはや社会主義・共産主義ではない」といった見解には私は与しません。共産主義は資本主義の発展によって生産力が極限まで高められた末にしか成立しえないとマルクスが云ってるんですから、中国共産党は、じゃあまずその段階を踏もうと考えているだけでしょう。つまりあくまで、最終的には共産主義を実現するための資本主義、という位置づけであるはずです。とはいえ、「社会主義政党の一党独裁体制のもとで資本主義をやる」のが〝正解〟であることを知っているファシストとしては、現在の中国の成功・繁栄は当然のこととしか

リストたちに握られてしまうと、おそらくは極めて息苦しい暗黒社会が建設されてしまうでしょう。彼らは伝統的価値観なるものを、本気で、ベタに信じているからです。

ファシストは、伝統的価値観などしょせんフィクションにすぎないと百も承知しています。大多数の凡人が人生に〝意味〟や〝目的〟を見出すには便利だし必要なものでもありますが、社会の全成員を納得させられるものではありません。むしろ将来的にファシストに成長しうるような少数の優秀な人間なら、そんなものには疑問を抱くのが当然で、そういう有為の青年たちがナショナリストたちに弾圧されてはたまらない、とファシストは考えます。

現実的な政策としては、地方はナショナリストたちの統治に委ね、伝統的共同体の息苦しさに耐えられない少数派のうち、ナショナリストたちに少々痛めつけられたぐらいでは潰されなかった強靱《きょうじん》な精神の持ち主たちのための避難所として、ファシスト党が直接統治する〝都市〟が位置づけられる、ということになるでしょう。

当然、日本民族に属さないマイノリティにはそれぞれの伝統に基づいた共同体の維持が推奨されますし、〝マイノリティのナショナリズム〟になじめない者にも〝ファシズムへの道〟は開かれています。

思えません。

……といったように、中国共産党とは違って〝普遍的正義〟なるものの存在をハナから否定しているファシスト党の独裁は、地域ごとに特色のある、単色でない社会を維持するための独裁なのです。ムソリーニが、ファシズムの主流である自由主義的な立場から、「すべての色彩を消し去り、すべての個性を平板化する匿名にして灰色の民主的平等主義」を攻撃していたとおりです。

ファシストは〝力強い個人〟に、もちろん自らもそうありたいと願いつつ、心惹かれるのです。いつの時代にも少数ながら確実に存在するはずのそうした人々が、存分に活躍する、きらびやかな〝英雄時代〟に酔いしれながら生きたいのです。**「特別な人間」なんかいない、「みんな同じだ」と思い込みたくて互いの足を引っ張り合うような、「匿名にして灰色の民主的平等主義」の復活を阻止するためにこそ、ファシストは〝自由主義者による独裁〟が必要だと考えるのです。**

いくらもっともらしいことを云ったところで「権力は必ず腐敗する」のだ、ファシズム社会だってかつてのソ連陣営の自称〝共産主義〟諸国と同様の暗黒社会になるに決まっている、という声が聞こえてきそうです。

もちろんファシストは、「党」に属しているわけでもない非ファシスト＝凡人たちによる〝外野からの批判〟など、聞く耳を持ちません。**そんなことはファシスト党員になってから云え、というか党員になって党が腐敗することのないよう自ら努力しろ、**というだけの話です。

付記

講演会を開くべし

若い読者に「政治活動」「学生運動」を勧めておいて、何ら実践アイデアを提示せずに済ませるのもどうかということで、現役学生諸君に向けて一つだけ、とりあえず学内にすでに2、3人の仲間がいれば、さらに大勢の仲間を集めるための簡単な方法があるので、それを書いておきましょう。

それは、**私・外山恒一を大学に呼ぶことです。**

そもそも、学外から多少なりとも知名度のある人を招いて講演会など企画し、そのイベント自体は人集めの口実と割り切って、当日まんまと集まってきた人たちを〝オルグ〟する、なんてのはありふれた手法と云えます。具体的には、イベント終了後にゲスト講師を囲んでの交流会（と称する飲み会）をおこなうわけです。講演会では講師が一方的に喋ることになりがちなので、「終了後にもっと双方向的な〝歓談〟をやります」と呼びかければ、何割かは応じてくれるものです。

とはいえ交流会の参加人数が10人、20人……となると、実際のところ講師から遠い席に坐ってしまった人は、席の近い人たちで別個に話の輪を作る展開が避けられません。もちろんそれを見越して、主催側のメンバーは講師との歓談などもとより放棄し、交流会場のあちこちに散って坐っておいて、それら必然的にやがて形成される〝別個の話の輪〟にそれぞれ加わることを最初から狙います。とくに主催側の誰とも面識がなく、講師の名前や講演のテーマなどに惹かれて参加した〝新顔〟の学生と重点的に交流すべきなのは云うまでもないでしょう。

そもそも、それこそがイベントの目的なのです。講師はただの客寄せパンダで、実際はわざわざ呼んで話など聞かなくても、その人がどういう主張を持っているのかはその人が書いた本なりを読めば分かります。

　そのイベントの数日後に、なるべくイベントのテーマと関係する内容の読書会や学習会を事前に設定しておき、当日その告知ビラを持参しておけば、〝新顔〟の学生たちとの関係をその場限りで終わらせず、以後も周辺につなぎ止めておきやすくなります。

　その上で、そういう謀略的な（?）イベントの講師として、私以上の適役はいないという話です。

　例の政見放送（編集部注：「外山恒一　政見放送」で検索してください）は、すでに10年以上も前のものです。私はその後、大きなメディアにはほとんど取り上げられていません。というかリアルタイムでも私は大手メディアからはほぼ黙殺されました。

　しかし、あの政見放送によって主にネット上で爆発的に高まった私の知名度は、現在もそこそこ維持されています。例えて云えば、〝10数年前に大ヒットを1曲だけ飛ばしたミュージシャン〟などと同程度の知名度は今でもあるはずです（たぶん実際にはそれ以上です）。

　都知事選や国政選のような大きな選挙のたびにキテレツな政見放送がおこなわれ、その引き合いに出される形で、誰も超えられるはずのない私のアレが定期的に話題になるループがもはや完成しているからです。今の学生も、たぶん20人に1人か、あるいはそれ以上の割合で私を知っているでしょう。

クラスターを越える「外山恒一」

　もちろん、それなりの割合の学生が私を知っていると云っても、ほとんどの場合は真面目な関心の対象としてではないことも私はよく自覚しています。私の政見放送は、アナキズムあるいはファシズム的には常識的な選挙観を、演劇的な工夫によってエンタテインメント的に提示したものにすぎませんが、政治的に初心《うぶ》な昨今の大多数の学生はその程度のことすら理解しえず、要は〝奇人変人〟の類として嘲笑的に消費しているにすぎないでしょう。しかし、むしろそこがミソなのです。

例えば私の同世代で、思想・哲学方面で活躍している筆頭は東浩紀氏でしょうが、では昨今の平均的な学生が東氏の存在を知っているかといえば、かなり疑問です。ちゃんと勉強している人文系の学生ならもちろん知っているはず……と云いたいところですが、〝ちゃんと勉強している〟学生がそもそも少ないし、勉強していない学生は東氏の名前すら知らなかったりします。東氏自身がさんざん問題にしてきたように、学生を含めて人々の多くは要するに〝クラスター〟化していて、つまり〝思想・哲学クラスター〟の人は誰でも東氏をよく知ってますが、そうでない人は、あれだけ頻繁に大手メディアにも登場してきた東氏の存在が記憶の片隅に引っかかってもいません。

ところが、私の存在は不勉強な学生たちにも一定知られています。もちろん逆に、よく勉強している学生が必ずしも私を知っているわけでもありませんが、要は、東氏を大学に呼んでも〝思想・哲学クラスター〟の学生たちしか興味を持たないのに対して、私の場合は対象が不特定なのです。そして、「学生運動」的な何らかを共に担うにふさわしい素質を持った学生が、現時点で必ずしも〝よく勉強している〟とは限らないように私は思うのです。

ほぼ同じことは、もっとあからさまに〝政治的〞な人々についても云えます。5年ほど前にSEALDsの代表として一躍有名になった奥田愛《あ》基《き》氏を知っている学生は、もはや少なそうです。政治的関心の高い学生が、00年代後半にフリーター労働運動の「女神」とまで呼ばれた雨宮処凛氏を知らなかったりして、いちいち説明しなければならないハメによく陥ります。7、8年前に「レイシストをしばき隊」を率いて一世を風靡《ふうび》した野間易通氏のことも、もはや多くの学生は知らないでしょう。最近は話題の移り変わりが早すぎて、何でもすぐに〝過去の話〟扱いされてしまい、現在も頑固に昭和的な体感を維持している私は驚くばかりなんですが、5年以上前の〝運動業界の有名人〟など、当時まだ中高生だった現在の学生は知らないのが普通のようです。

それに、仮に奥田氏、雨宮氏、野間氏などを呼んだとしても、そのイベントに興味を惹かれる学生は、東氏などを呼ぶよりますます限定されてしまいそうです。昨今の大学では〝政治クラスター〟は〝思想・哲学クラスター〟よりも小さかろうし、興味の持ち方も、共感か反感かに二分されて、中間がない状態になると思われます。たとえば元「在特会」会長で今は「日本第一党」代表の桜井誠氏などは、今でも私より知名度は高いかもしれませんが、学内で講演会をやったとして、来るのは支持者と批判者だけのはずです。

私なりに真面目に考えてみても、**特定の〝クラスター〟に限定されない雑多な学生を、単純な共感か反感かではなしに、「ん？」と立ち止まらせる可能性のある人選は、「外山恒一」以外にないだろうと結論せざるを得ません。**要するに（〝反発〟とはまた違う）面白半分、冷やかし半分で話を聞きにくる学生がそれなりにいそうな人選を、他に思いつかないわけです（逆に真面目な関心を抱いている人がほぼ皆無だと企画の目的にそもそも合わず、いくら有名だとしても、例えばマック赤坂などを呼んでも意味がありません)。

妄想で云っているわけではありません。ここ数年の実績を披露すると、例の政見放送から7年が経過していた14年の同志社大で約170名、10年以上が経過した18年の北海道大で約130名が「外山恒一トークライブ」に集まっています。同じく18年の、早大での絓秀実氏との対談イベントでは約270名でした。すべて、数名の学生が(学園祭関連とかではなく〝平時〟に)単発で企画したイベントです。

イベントの後の交流会にも、北大と早大ではそれぞれ数十名が参加しました。主催側がその後の活動仲間をまんまと増やすことができたかどうかは把握していませんが、そうできる可能性のある規模だということは分かると思います。

いずれのケースでも、とくに教授などの協力はなく、数名の学生たちだけの力で、本番前の約1ヵ月間、「×月×日、本学にあの外山恒一氏がやってくる!」と宣伝しただけです。そして、いずれのケースでも、おそらく来場した学生の大半は冷やかし半分、興味本位、あるいは怖いもの見たさだったでしょう。

外山恒一トークライブの流れ

対談イベントなどは別ですが、登壇者が私一人の場合、「トークライブ」の段取りはほぼ決まっています。まず、私はまだ姿を見せていない状態で開演し、主催学生の司会で2本の動画を上映します。

一つは例の政見放送です。もう何年も前に一度観たきりで、おおまかな印象だけになってしまっているという来場者も少なくありませんし、それどころか、友達に誘われてついてきただけで政見放送のことも知らないという来場者さえ必ず含まれているものなので、一応わざわざ上映するのです。

もう一つはYouTubeにもアップしてある「**外山恒一プロモーションビデオ（未完成）**」で、あの政見放送に当時どんな反応が起きたのかを、リアルタイムでその騒動を体験していない学生たちにも分かるように解説する内容です。上映時間は2本で計12～13分といったところでしょうか。

上映後、間髪を容れず「それではご本人に登場していただきましょう！」とアナウンスがあって、私が会場に入ります。学生たちを前にして、「さあ何かご質問は？」という展開です。

たいていすぐに手が挙がりますし、挙がらない場合はしばらく私が諸々の活動エピソードなりで間をもたせていれば、やがて勇気を出して手を挙げる学生が現れます。一人が質問をすれば、あとは次々に手が挙がるものです。

私の強みは、もちろん興味本位の質問やふざけた質問に対する面白回答も半ばネタ的にストックがありますが、こう見えて（どう見えているか知りませんが）私は実は正統派の人文系インテリなので、学問的・学術的なテイストの質問にもそこそこ対応できることです。

あらかじめテーマを決めて、いかにも〝講演会〟然とした講演もやろうと思えばできますが、あまりやらないのは、私に対する来場者の興味・関心や、そもそも私の活動についての予備知識がバラバラだからです。政見放送でしか私を知らない人もいれば、前述のように政見放送すら見ていない来場者も珍しくありません。私の過去の著作やサイトで公開されている膨大なテキストを全部読み込んでいる人だって、時々います。どのレベルの来場者に合わせてもうまくいかないので、それなら当日その場に来た人たちの質問に答えましょう、というスタイルにしているわけです。

私のトークイベントは、人数さえ集まればかなり盛り上がりますし、自分で云うのも何ですが、 そして人数を集めることも簡単で、学内で約1ヵ月間、「×月×日、外山恒一が来る!」と宣伝すればいいだけです。あの都知事選から何年経とうが、まあ100人ぐらいは集まるでしょう。

しかし同時に、昨今の大学ではその肝心の〝宣伝〟がやりにくくなっています。学内で学生がビラを配ったり、貼ったり、立看板《タテカン》を設置したり……ができないという、とうてい先進国とは思えない（まあ実際もう先進国ではないということでしょうが）野蛮な状況にあるからです。先に挙げた同志社大、北大、早大などには比較的まだ先進国時代の名残があって、学生たちがビラや立看板などで自主企画の宣伝活動をそれなりに展開する余地がありました。

言論の自由のない現在の大多数の大学では、まず大学当局の許可がないと、ビラを配ることはもちろん学内に会場を確保することさえ難しいでしょう。しかし逆に云えば、当局から開催許可さえ得られれば（会場使用が認められた段階で、イコール〝開催許可〟です）、ビラを〝まく〟ことまではともかく、所定の掲示板などに貼って回ることはできるはずです。他にも立看板の設置など、〝許される〟宣伝方法があるかもしれません。

とはいえ、それもまた活動家としてのスキルアップのための、かなり恰好の〝練習問題〟ではあります。「外山恒一トークライブ」の学内での開催を大学当局に認めさせる、という課題設定がです。

そして、これはべつに実現困難というほどのことではありません。学外から、必ずしもアカデミズムの世界の人ではないゲストを招いて、講演会その他の特別なイベントを開催する程度のことは、どこの大学でも普通にやっているからです。その〝ゲスト〟が「外山恒一」ということになると難色を示されるとは思いますが、要は交渉の力量でしょう。最初にもっと穏健かつ著名な〝社会派ジャーナリスト〟でも呼ぶと称してまず会場を押さえた上で、「出演交渉がうまくいかなかった」ので「〝代わりに〟外山恒一を呼ぶことにした」という作戦もありえます。その段階で難色を示されたら、「どうして××さんは良くて外山恒一じゃダメなんですか？　納得できる根拠を示してください」という展開に持っていくわけです。

もちろん学生だけの力で要求を通すのが一番ですが、手っ取り早い手法としては、味方になってくれそうな教授を探し、協力を仰げばいいのです。

また、いざ許可が出たとして、せいぜい所定の掲示板数ヵ所にビラを貼る程度の宣伝方法しか認められない場合も、協力してくれる教員をなるべくたくさん発掘して、彼らの授業でビラを配布させてもらうことだって可能です。大学によっては、キャンパスの大部分ではビラまきなどできないとしても、サークル棟の中などにビラを貼りまくることは可能かもしれませんし、同志社大では主にその方法で宣伝したようでした。

ネットに頼るのはダメです。もともと主催サイドとつながっている人にしか情報が届きません。

それなら、わざわざ学外から〝客寄せパンダ〟を呼ぶ意味がありません。まだつながっていない人を新たに発掘するためにイベントをやるのです。まだつながっていない人に情報を届けるには、リアル世界で、ブツとして情報を提示する必要があります。例えばビラや立看板がその〝ブツ〟です。それらを、思いつく限りの手で流通させねばなりません。ちゃんとやれば、それこそTwitter上などで、「外山恒一がウチの大学に来るらしいぜ」的な、主催サイドが知らない学生による書き込みが増え始めます。

通常の政治活動・学生運動においても、リアルでの情報発信こそが基本です。ネットでの発信は、すでにつながっている人にしか届かないことを肝に銘じておくべきです。運動では常に、〝まだ見ぬ新たな同志〟を発掘することが志向されなければならないのです。

学生諸君の健闘を祈ります。

善意よりも悪意

ついでに、本編では話の流れで割愛した論点を含め、〝実践〟の参考になりそうな話をまとめて補足します。

とくに重要なのは、政治運動は善意よりもむしろ悪意でやるものだということです。第4章で批判的に言及した「3・11以後の運動」の担い手たちは、どうもここがよく分かっていなかったように思います。

運動は往々にして少数派の利害に根ざすものです。多数派は運動なんかしなくても、世の中は彼らの望む方向に動くのですから、まあ当たり前でしょう。つまり、**政治運動とはたいていの場合、少数派が多数派にその意に反する要求を飲ませることです。多数派は傲慢ですから、単なる説得に耳を貸すことはまずありません。**「こっちの云うことを聞かないと大変なことになるぞ」と要するに〝脅す〟のが、運動というものの基本です。

したがって、デモに際して（ほぼイコール多数派であろう）通行人に迷惑をかけたり不快な思いをさせないようにしようとか、多数派の味方・警察の手をわずらわせないようにしようとか、そんなことにばかり気を遣っていた「3・11以後の運動」は、そもそも運動の名にも値しないと云わなければなりません。

デモの目的が、通行人に自分たちの主張をアピールすることだというのは大間違いです。デモのプラカードを見たぐらいで通行人は考えを変えたりしません。デモがいくら大規模になってマスコミが盛んに報道したところで、もともとその主張に賛同していた人々が溜飲《りゅういん》を下げ、反対していた人々をますます反発させるだけで、何も変わりません。

デモとは本来、往来を妨害し、社会を混乱させ、その主張に反対する人々にも「あいつらを何とかしろよ！」と政府を突き上げさせ、「要求を飲まないともっと暴れるぞ！」と政府を脅す手段です。「3・11以後の運動」のように「私たちは少しも〝アブなく〟なんかありませんよ」とピースフルなアピールに徹することは、政府に要求を飲ませるためには逆効果なのです。国会や首相官邸を数万人の群衆が取り巻いたところで、（もちろんリスクがあるので、〝国会突入〟などあえてやる必要はありませんが）「もしや突入するのでは？」と政府を不安にさせないようでは何の圧力にもなりません。

非暴力≠合法

「非暴力」と「合法」もまた、イコールではありません。

ガンジーやキング牧師の「非暴力直接行動」は、物を壊したり人を殺傷したりはしない〝非暴力〟

の運動ではありましたが、だからといって〝合法〟ではありませんでした。例えば白人専用の飲食店や交通機関に集団で押しかけて、「利用させろ」と強引に迫るなど、法的には「建造物侵入」や「不法占拠」、「威力業務妨害」であったり、あるいは政府専売の塩を勝手に生産し始めるなど、経済犯罪にあたる行為をさんざん繰り返しているのです。

しかし、掲げているのは「人種差別撤廃」や「民族独立」といった至極まっとうな主張ですから、いくら違法だからといって、政府がこれを暴力的に抑え込もうとすると、露骨な〝暴力〟をふるっている政府のほうが悪者に見えてきます。それが国内外の世論の憤激を呼び、要求は徐々に受け入れられていくという次第です。〝違法行為〟を繰り返しているのはガンジーやキング牧師の側なのに、それを取り締まる政府の側が悪者にされて追いつめられていくわけで、つまり**ガンジーやキング牧師は〝悪知恵の天才〟とさえ云えます。**

現在の日本では、デモをすることに大した意味はないでしょう。デモ側と警察側の力関係が圧倒的に後者に傾いていて、逸脱行為は徹底的に取り締まられるからです。何より奴隷根性の染みついた大多数の日本人は、デモをやる側に冷淡で、警察による過剰警備にもほとんど非難の声が上がりません。

99年以来、サミットやWTO総会がおこなわれるたびに、世界中から左派の反グローバリズム活動家が開催地に押しかけて大暴れすることを繰り返しており、08年の北海道洞爺湖サミットの時にも、やはり欧米からそうした筋金入りの〝過激なアナキスト〟たちが多少やってきました。しかし、歴戦の彼らでさえ、日本警察の過剰警備には何ら対抗しえず、完全に抑え込まれていました。

日本の現状で、デモで可能なことといえば、通行人の注意を一瞬でも引くシュプレヒコールやプラカード（スローガン）の試行錯誤、あるいは〝どの程度の逸脱なら見逃してもらえるか〟といった警察との駆け引きの訓練ぐらいのものでしょう。東京・高円寺の「素人の乱」のデモでは、意識的にそうしたテーマが追求されているようにも見えます。いずれにせよ、たとえ実際にはほとんど逸脱することが不可能だとしても、逸脱を最初から目指さないデモならやる意味はありません。

もちろん、デモ云々の話はそれこそ逸脱で、デモがダメなら他の手段を考えればいいのです。

そして、とにかく基本は「悪意」。つまりどうすれば、何をやれば相手が困るか、苦しむか、イヤがるかという方向で発想することで、要するに〝いじめ〟と一緒です。〝いじめ〟の経験豊かな日本人にはむしろ簡単なはずでしょう。いじめの標的を弱者から強者へ、少数派から多数派へ移行させるだけのことです。**弱い者いじめはいけませんが、政府や大学当局をいくらいじめても、神様が赦《ゆる》します。**

例えばせっかくコロナ・ウイルスが世間の恐怖の的になっていて、しかも冷静に考えればべつにコロナなんぞ（とくに若い人なら）何ら恐るるに足らないという状況下では、いくらでもこれを利用して、悪意の発揮のしようがあったはずです。

原発推進派への〝ホメ殺し〟

私が3・11以来、何度かやった原発推進派の政治家への〝ホメ殺し〟街宣も、典型的な〝悪意〟の運動です。

原発推進派の政治家は、選挙期間中には原発のことを絶対に口にしません。原発に限らず、世論が割れているテーマを持ち出すのは、幅広い支持を集めるためにはマイナスなので、ひたすら無内容なスローガンを連呼するのが日本の選挙戦です。

　そんな実情を利用して、私は原発推進派の街宣車を仕立て、「××先生、これからも原発推進を頑張ってください！」と、選挙戦の最中に選挙区内でさんざん〝応援〟して回ったわけです。この時は、「せっかく標的として狙っている原発をなくさないでほしい」とお願いするテロリスト・グループ、という設定でした。

　もちろん実はロジックはどうでもよくて、つまり「我々はテロリスト」などとわざわざ〝面白く〟する必要はなく、純粋に〝ただの原発推進派〟を演じて、「原発は絶対に必要です。だから推進派の××先生を支持します」でもいいのです。その政治家が原発推進派であることを通行人に印象づけることさえできれば、打撃になります。


　ちなみに、**「皆さんも支持してください」と云うと選挙違反ですが、単に「我々は支持しています」なら、法的には何の問題もありません。**

　悪だくみのためにはこの種の配慮は重要ですが、べつに法律に詳しくなる必要はなく、過去の運動史をよく知っておけばヒントはいくらでもあります。この場合なら、例えば80年代初頭の北海道知事選で、元日大全共闘の活動家が「勝手連《かってれん》」というのを思いついて、革新系候補の圧勝に貢献したという有名な事例がありました。その陣営の運動員でも何でもない人が「私は何々さんを支持しています」と〝勝手に〟アピールする活動を大々的に展開したというものです。その史実を知っていれば、「運動員でない人が選挙運動をやるのは選挙違反じゃないのかな？　しかし捕まったという話は聞かないから、きっと選挙違反ではないんだろう。じゃあどうして選挙違反にならないのかな?」という方向で考えて、「もしかして、不特定多数に支持を〝呼びかける〟行為は正規の運動員にしか認められていないが、〝私は〟（あるいは〝我々は〟）支持しているという〝立場表明〟なら問題はないということかな?」などとアタリをつけ、試しに公職選挙法の関連してそうな章立てのところの条文だけチェックすれば、「やっぱりそういうことなんだ」と確認できます。

あるいは、論理的に考えることさえできれば、法律に通じている必要はないのです。〝ホメ殺し〟など、〝街宣車による選挙戦への介入〟という手法を思いついた時、歴戦の活動家たちから「選挙期間中の政治的な街宣は禁止されている」とさんざん忠告されましたが、私は意に介しませんでした。

たしかに、ちょっと調べてみると選挙期間中の「政治活動」は公職選挙法で禁じられています。

しかし、私は「選挙期間中だっていろんな宣伝カーが走り回っているではないか」と思いました。**風俗産業の宣伝カーだって、ある種のフェミニストたちからすれば〝政治的〟な街宣だろうし、私だって、例えばセカオワの新譜発売を宣伝している車があれば、若者たちを反革命イデオロギーに染め上げる悪質な〝政治活動〟だと見なします。**つまり、何が〝政治的〟かの判断は、人によって異なります。

そして法律というものは、そういう〝解釈の余地〟がなるべく生じないように作られるので、「政治活動」を禁止するなら「政治活動」とは何かという定義も条文の中にあるはずなのです。

そうアタリをつけて、〝公選法で云う「政治活動」〟とは何かという部分にだけ焦点を当てて条文を調べると、「政治団体」がおこなう活動が「政治活動」であると書いてあります。では「政治団体」とは何か？　それも当然書いてあるはずです。条文を探すと、要は選挙管理委員会に「政治団体」として届出をした団体のことを「政治団体」と云っているにすぎませんでした。

つまり、私が主宰するファシズム革命結社は選管に届出なんかしてませんから、公選法上は「政治団体」ではないことになり、選挙期間中にどれだけ露骨に〃政治的〃な街宣をおこなおうと、公選法に云う「政治活動の禁止」にはまったく抵触しないということです。私に忠告してくれたベテラン活動家のグループは選管に「政治団体」としての届出をしており、その結果、〃選挙期間中に街宣はできない〃という認識が固定観念化していただけでした。

屁理屈の効用

このように単に〃論理的に考える〃ことも悪知恵を働かせるための重要な武器になりますが、さらに進んで、〃屁理屈〃の生産能力もかなり必要です。ただの屁理屈ではダメで、〃もっともらしい屁理屈〃が云えなければいけません。

これも私の経験から例を挙げますと、93年に福岡の某デパート内のギャラリーで、寺山修司の回顧展が開催され、私はそこへ「同志募集」のビラまきに出かけました。ただの客として入って、会場内で他の客にビラを渡していたわけです。もちろん〃勝手に〃です。

純粋に仲間を求めていただけなので、派手にやったのではなく、むしろコソコソやって、そのため主催者に気づかれるまでに2、3時間かかりましたが、気づかれると当然「やめてください」ということになります。

　しかしそこであっさりと引き下がるようでは政治活動など担いきれません。まずは「なぜビラをまいてはいけないんですか？」と質問するわけです（何かを制止・禁止された場合に、まずその〝根拠〟を問いただすのは基本中の基本です）。すると主催者は、ここは私有地で、デパートに賃料を払ってギャラリーとしてテナントを借りている主催者の許可なしに勝手なことはできません、と云います。まあ正論です。普通に考えたら反論の余地はありません。こういう時に屁理屈の生産能力が必要となってくるのです。

　私は云い返しました。「**寺山修司といえば、演劇をやっちゃいけない場所でさんざん演劇をやってきた人だ。その寺山修司の回顧展を開催しながら、ビラをまいてはいけない場所でビラをまくのは許せないと云うのか？**」

　我ながら見事な屁理屈ですが、事前に用意していた云い訳ではなく、その場で咄嗟《とっさ》に口をついて出た、完全なる出まかせです。これによって云い争いは一気に〝芸術論争〟の様相を帯び、寺山修司に興味を持つような感性の観客たちですから、ちょっと距離を置きつつ「一体どうなるんだ？」と聞き耳を立て始めました。

　結局いろいろあってビラはまき続けることができたのですが、とにかくこういう、普通はあまり褒められないような才能も、世間＝多数派の常識に抗う少数派の運動の担い手には必要だったりします。

　屁理屈はもちろん物事を解決しませんが、あっさり片がつきそうな勝負を膠着状態に持ち込む役には立つこともあります。揉め事を長引かせて、相手側がもう面倒臭くなり、「ええい、分かった。

こっちも妥協するからそっちも妥協しろ」と折れてきたりして、本来は収穫ゼロに終わるはずの案件で多少なりとも収穫がもたらされる場合もあるわけです。

いわゆる〝ゴネ得〟というやつですが、少数派の運動とは行き着くところ結局、〝ゴネる〟ことです。ゴネないから勝ち獲れるものも勝ち獲れなくなって、その敗北の積み重ねで無権利状態の現在があります。ゴネることを恥じてはいけません。

多くの人が従順な中で1人だけゴネていると、「空気読めよ」みたいな非難がましい視線に晒《さら》されがちですが、もちろん〝ゴネる〟ことと〝空気を読めない〟こととは違います。**運動的に正しくない〝ゴネる〟のは、〝空気を読んだ上で、空気に従わない〟ことです。**空気が読めないのは、活動家としてはむしろ失格です。

空気が読めない同志

あるいは、同志の中に〝空気が読めない人〟がいても、それはそれで必ずしも悪いことだとは限りません。

80年代末に私が反学校運動の活動家だった頃、私たちのグループのリーダーは、まさに空気の読めない、悪く云えばヒステリックなところもある女性でした。私たちは過激な学校廃止派で、穏健な学校改革派の大人数の集会に数人で乗り込んでは、議論を混乱させて予定調和の進行をぶち壊すという活動を繰り返していたのですが、次第にルーティン化していったのは、ナアナアの議論にまずそのリーダーの女性活動家が単にキレて、ワーワーと野次を飛ばし始めるところから始まる展開です。

それこそ「空気読めよ！」的な（当時はまだそんな言葉はありませんでしたが）罵声が浴びせられ、集会は一気に大混乱となります。「帰れ」コールが始まったことも一度や二度ではありません。そこに彼女の補佐役のような立場だった私が、「まあまあ、まあまあ」と割って入って場をなだめ、「つまり彼女が云いたいのは、こういうことで……」と冷静に解説すると、いきり立っていた連中も少し落ち着いてこちらの云いぶんに耳を傾け始め、気がつくといつのまにか完全に私たちの側が議論の主導権を握っているのでした。

〝空気が読めない〟ことも、屁理屈が上手いことも、普通は欠点ですが、政治運動の場では必ずしもそうとは限らないのです。自分が〝ダメな人間〟だということに開き直っては成長できませんが、実は**世間の基準では〝ダメな人間〟にも、政治運動では不思議に活躍の余地が生まれる場合もあります。**

また、1人でゴネるのはなかなか勇気が要りますが、たとえ2、3人でも仲間がいればかなり心強いものです。そして、ごく少人数でも〝集団〟として存在すると、そのうちこちら側にシンパシーを抱き始める人も出てきます。くだんの〝集会荒らし〟でも、集会が終わる頃には、もちろん大多数は敵に回したままですが、1人か2人、〝こっち側〟が増えていることも珍しくありませんでした（私たちも意識してそういう〝オルグ〟をやっていたわけです）。

それに、〝空気が読めない〟その女性が1人で大多数派に食ってかかったところで、嫌われて排除されて終わるだけでしょう。また、私がいくら屁理屈が上手くても、1人ではまず口火を切るまでに長々と躊躇《ちゅうちょ》しそうです。しかし、さまざまな欠点を持つ仲間と役割分担が生まれることで、欠点が長所に転じ、うまく物事が回り始める場合も、あるということで、だから〃ダメな人間〃が活躍できたりもするわけです。

とにかく数人でもいいから、まずは仲間を集めることです。

大学創設者の精神

屁理屈とホメ殺しの合わせ技で思いついたことですが、私立大学なら創設者がいます。大学当局も、創設者の権威には一定ひれ伏さざるを得ないでしょう。そして大学を創設するぐらいの人物なら、たいてい著作の1つや2つはあるでしょうし、福澤諭吉のように大量の著作がある場合も珍しくないはずです。それらを読めば、必ず〃いいこと〃もたくさん云っているに違いありません。

この場合の「いいこと」とは、もちろん学生運動を擁護するロジックとして使えそうなこと、という意味です。保守反動の権化《ごんげ》のような創設者もいると思いますが、その場合でも、右翼学生運動の擁護になら利用できそうなことを云っているかもしれません。

したがって、とにかく創設者の著作を読み込み、ビラやスピーチの要所要所にその言葉を引用することです。大学当局と何らかの交渉をする時だって同様です。「我々は創設者・××先生の教えに基づいて行動しているのだ」という姿勢を常にことさらにアピールしておくと、ちょっと弾圧しにくいかもしれません。

いっそ創設者を顕彰し、その教えを広め実践するサークルの公認を目指す手もあります。さすがに早大や慶大には大隈重信や福澤諭吉の名を冠した公認サークルはとっくにありそうですが、ない大学も多いでしょう。創設者を顕彰しようという殊勝《しゅしょう》な学生たちのサークルを公認しない私立大学があるとも思えません。

　公認されたらこっちのものでしょう。創設者の名のもとに（まあ故人である必要はありますが）、「建学の精神を形骸化させ堕落しきった大学当局」を糾弾し、果敢に闘うのみです。

　キリスト教系や仏教系の大学なら、創設者よりイエス・キリストや仏陀のほうが無限倍偉いでしょう。聖書や仏典から常に聖句を引用しつつ、信仰薄き大学当局と対峙すべきです。弾圧すると地獄に堕ちます。

　……と、まあ、修行を積めば悪知恵などいくらでも出てきます。

全共闘運動、その学ぶべき領域

実践を重ねることが何より重要なのは云うまでもありませんが、先ほども述べたように、**とにかく過去の事例を学ぶことです。**私の数々の〝面白〟闘争もすべてがオリジナルというわけではなく、歴史上の運動を頻繁に参照しています。

〝笑える〟という意味での〝面白い運動〟の事例は、80年代以降の「ドブネズミ系」諸運動の中にたくさんあり、その全体像は拙著『全共闘以後』でざっと紹介してあります。

　ただし私自身は、現時点では〝面白主義〟に偏重した運動は意味をなさないとも思います。私たちの世代がそういう方向での実践を追求したのは、内ゲバだの何だの陰惨なイメージにまみれた新左翼諸党派の運動がまだ存在感を保っている時代で、それらと明確な差異化を図る必要に迫られたからです。そういう必然性のないところで〝面白主義〟を追求しても、中途半端にしかなりません。〝面白主義〟には本当は度外れた〝真剣さ〟が必要なのです。

　それでも一応、参考までに紹介しておくと、『全共闘以後』に登場する以外にも、私たちの世代の面白主義的な運動に近いセンスの大先輩として、03年に82歳で亡くなったアナキストの向井《むかい》孝《たかし》がいます。当人の著作もありますし、その活動に言及した文献も多々あるので、どういう人なのかは調べれば分かるでしょう。

　また、60年代アメリカには、ヒッピー・ムーブメントと新左翼運動を接続しようとして、そのどちらからも異端視された**ジェリー・ルービン**という人もいました。絶版ですが、『DO IT!』という著書で、その抱腹絶倒の珍闘争の数々を知ることができます。

　知的なラジカリズム、あるいは論理的な面白さという点では、何よりもまず全共闘運動を頂点とする新左翼運動が参照されなければなりません。

　その場合、世間の多くの知ったかぶりの論者たちが語る〝歴史〟などどうでもよく、つまり東大安田講堂がどうこう、「よど号」が「あさま山荘」が、中核派と革マル派がどうこうといった話は（〝背景〟として）大雑把に流れだけ押さえておけばよく、本当に継承すべき、今でも考えるに足るような運動はもっとマイナーな領域に押し込められています。

　それに、現実に何らかの政治的運動を担うとなれば、「結局のところ何がしたいの？　世の中をどうしたいの？」などという無粋《ぶすい》な問いに直面させられる場面は多く、いわば〝中長期的な展望〟を持っているに越したことはありません。〝長期的な展望〟はそう簡単には見出せないでしょうが（私の場合はもちろん〝ファシズム革命政権の樹立〟ということになります）、〝中期的な展望〟、どういう運動の形成を目指すのかを考える上で、それら萌芽的な段階に終わった先行事例を参照しうるのではないかと思うのです。

　第4章で述べたように、ノンセクト・ラジカルは諸党派に思想的には勝利しつつ、軍事的に敗北し、各大学を諸党派が恐怖支配する70～90年代を経て、学生運動が完全に壊滅して久しい現在へと至ります。思想的にはノンセクト・ラジカルが正しくとも、無党派《ノンセクト》では党派《セクト》の暴力に対抗できなかったということです。

　そうなると、**無党派と党派の中間のような、これまであまり注目されてこなかったいくつかの潮流が、本当はとても重要なのではないか**という気がしてきます。ノンセクトでありながら党派的であったり、あるいは党派でありながらノンセクト的であったりした、いくつかのグループです。

　ちゃんと解説する紙幅の余裕がないので列挙だけしておきますが、まず、絓秀実氏の『1968年』で詳しく紹介されている山口健二というアナキストを長老格とし、斎藤竜鳳《りゅうほう》、松田政男、牧田吉明《よしあき》、そして私も大いに影響を受けている千坂恭二氏らへと連なっていく、冷戦期の〝直接行動〟的なアナキズム運動の系譜があります（昨今の若い自称アナキストたちにも人気のある、前述の向井孝はこの系譜には含まれません）。このうち牧田と千坂氏が全共闘世代ですが、私の見るところ、全共闘運動におけるもっとも過激な活動家が牧田、もっとも過激な思想家が千坂氏で、いずれも第4章で言及した「わだつみの像」破壊事件にも深く関わっています。

　なお、（90年代末に革マル派に買収されましたが）新左翼系の老舗《しにせ》出版社である現代思潮社、現在も存続している現代美術系の私塾「美學校《びがっこう》」なども、この系譜から出てきたものです。さらに云えば、

74年の三菱重工爆破事件などで知られた「東アジア反日武装戦線」もこの圏域にあり、テロ云々ということであれば、全共闘運動の延長線上にあるのは「よど号」だの連合赤軍だの中核派だのではなく、（ファシストである私の立場からは〝華青闘告発への屈服〟路線として否定的な参照先たらざるを得ませんが）「東アジア反日武装戦線」です。

それから、これも絓氏の〝68年〟論でよく言及がある、小野田襄二《じょうじ》を中心としたノンセクト・グループがあります。小野田はもともと中核派の大幹部でしたが、68年に脱退し、『遠くまで行くんだ…』という雑誌を創刊、同誌を結集軸とするノンセクト勢力を形成しました。小野田の影響下の学生たちは、埼玉大で中核派との内ゲバに勝利したことで、以後90年前後に至るまで同大を〝ノンセクトの天下〟たらしめ、早大で革マル派との内ゲバに勝利してそれが（第4章で言及した65～66年の〝プレ全共闘〟期のそれではなく、わずか半年ほどで機動隊導入によって壊滅した、69年の全共闘〝本番〟期の）「早大全共闘」になります。

諸党派のうち、もっともノンセクトに近いというか、むしろノンセクト主導の全共闘運動の体験を踏まえてブントから分岐し、70年に結成されるのが「叛旗《はんき》派」です。当時はそれほどマイナーというわけではない、中堅どころの党派でした。他の多くの中小の党派のように、単に先細りして自然消滅するのではなく、党派なるものの存在意味はもはや失われたとして、76年に潔く「解散宣言」を発して自主解散したおそらく唯一の党派でもあります。

そして、私が現時点で、結局ここが一番重要なのではないかと考えているのが、やはりブント系の小党派で、発行誌名から「『遠方から』派」と呼ばれる実質たった4人のグループです。しかしその4人が、まさに一騎当千という形容がふさわしい超弩級《どきゅう》の面々なのです。そのうち2人の紹介にそれぞれ一章を充てている西部邁《にしべすすむ》『六〇年安保』によれば、70年代末にはこのグループは「ファッシズム」を標榜していたらしく、個人ではなく組織として、ついにファシズムにまで辿り着いたおそらく唯一の新左翼運動の事例でしょう。

「『遠方から』派」は、絓氏の『1968年』にも登場する、75年に右翼学生運動出身の反体制右翼グループと組んで茨城県知事選に候補者を立てた「地方党」の試みでも知られています。前述の〃全共闘の最過激活動家〃牧田吉明も一時は準構成員のような立場だったようです。正規メンバー4人の中の1人である石井暎禧《えいき》へのインタビュー『聞書き〈ブント〉一代』で、このグループのおおよその全体像を知ることができます。

全共闘あるいは新左翼運動に関してまず参照すべきはこれらの潮流です。

文化運動方面からの盗用

参考にしうるのは、必ずしも狭義の政治運動の事例だけではありません。**現代美術史、演劇史、ロック史などの中にも発想のヒントはいくらでもあります。**何か納得のいかない事態に直面した時、あるいは強力かつ日常的な秩序に苛立ってそれをどうにか突破したいと考えた時、それこそ〃表現〃を専門とする人々がどのような振る舞いに走ったのか、痛快な事例に溢れています。

政治活動をやるなら、いろんなことを知っていたほうがいいし、あらゆるジャンルのちょっとした知識が、思わぬ時に重大なヒントになったりします。

たとえば私は2020年のコロナ騒動に際して、

ゴールデン・ウィーク期間中に連日、東京・高円寺の駅前広場で〝自粛〟粉砕・同調圧力粉砕を掲げて路上宴会を繰り広げました。

しかし、表向きは決して駅前広場への結集を呼びかけていません。振り返れば〝自粛〟圧力のピークと云ってよい時期で、そういう〝不謹慎〟な試みは逮捕案件になることも充分ありうると警戒したからです。後述するように、べつに逮捕されたっていいんですが……。

ともかく私は、「高円寺駅前広場で毎晩、自粛&同調圧力への抵抗の意思を込めて一人で飲んでいるが、『無届集会を主催した』などと云いがかりをつけられては困るので、絶対に様子を見にきたりしないように！」と連日しつこくTwitterその他で呼びかけたわけです。**その結果、聞き分けのない人々が毎晩100人ぐらい集まってしまい、たいへん迷惑しました。**

そしてこの手法は私のオリジナルではなく、演劇人の鴻上尚史《こうかみしょうじ》氏が昔、深夜ラジオの生放送でリスナーに近所の公園への結集を呼びかけ（なかっ）た事例の完全なるパクリです。鴻上氏のそれは政治的なものではないし、とくに有名な話でもなく、たまたま私がリスナーだったので知っていたにすぎないんですが、文化的な領域で試みられるあれこれに普段からアンテナを張っておくと、こんなふうに応用が利くこともあります。

（逮捕について）

本編の補足はこんなところでしょうか。

最後に、「**入獄**」ということについて触れておきましょう。

政治的な運動に関わっていれば、逮捕されたりする可能性も多少はあります。悪事を働いたかどうか、法に触れることをしたかどうかさえ、あまり関係ありません。先進国じゃないんですから、あからさまな不当逮捕もこの国では日常茶飯事です。警察に目をつけられれば、法的根拠などいくらでもデッチ上げられて逮捕されます。

もちろん、法に触れたからといって必ずしも道義的にも悪いわけではありません。先述のとおり、ガンジーもキング牧師も違法なことはさんざんやっているのです。

物を壊す、人を傷つけるとかであっても、ケース・バイ・ケースです。建設中のマクドナルドの店舗を破壊して逮捕されたりしている、フランスの有名な〝反グローバリズム〟の農民活動家がいますが、世界中の良識派から愛されています。『全共闘以後』でも紹介したように、女性活動家に対してセクハラまがいの取り調べがおこなわれたことに腹を立てた若者が、警視庁に単身乗り込んで「一番偉いやつを出せ」とロビーでわめき散らし、バカにするように「オレが一番偉い」と口走った警官を即座に殴り飛ばしてその場で逮捕されるという愉快な事件が90年のエイプリル・フールに起き、彼も人気者になりました。さらには、実際にろくでもない悪事を働いたんだとしても……いやまあそういう話はとりあえずどうでもよくて、私が云いたいのは、獄中生活はできれば一度や二度は経験しておいたほうがよいということです。

それもできれば留置場レベルではなくて、少なくとも拘置所までは経験しておくに越したことはありません。私は実刑判決を受けて刑務所まで行っていますし、松本哉も4ヵ月近い拘置所暮らしを経験しており、立派な活動家はたいていそうです。

逮捕されたらどう対応すべきか、取り調べではやはり完全黙秘すべきなのか、というような話もここではどうでもよく、刑事手続きの流れを解説した本や、活動家向けの〝逮捕時の心構え〟みたいな本はたくさんありますから、そういうものでも読んであれこれ考えればいいでしょう。そういう話ではなく、〝塀の向こう側〟の世界を一度はその目で見ておいたほうがよいということです。

感覚というか、世界観が根底から変わるはずです。

〝向こう側〟へ行くと、世間からはあたかもその存在が消えてしまったかのようになり、その人を抜きに社会は回るかのようですが、もちろん向こう側には向こう側の時間が流れ、向こう側での生活が営まれています。いま現在も、塀の中ではたくさんの人々が暮らしており、そんなことは当たり前なんですが、いったん向こう側に行ったことのある者でないと、そのことを実感をもって想像することはなかなかできないでしょう。

あるいは、この社会の秩序を根底のところで支えているのは、これなんだよなあと思い知らされもします。どんなに恐ろしげな顔つきをしたヤクザ者でも、そこではおとなしく看守たちに従っているのです。

逆に云えば、このシステムを無意味化できれば勝利だよなあ、などとヤバい妄想にふけったりもします。現に日本赤軍は、ハイジャック闘争によって獄中の同志を奪還することに二度も成功し、政府を震え上がらせたわけです。同じ文脈で、監獄というシステムこそが国家権力を根底で支えているとすれば、国家権力にとってもっとも恐ろしいのは反体制派なんぞではなく他の国家権力の存在、より具体的には、不都合な者をいざとなれば逮捕・収監する権限の及ばない、その支配領域の存在（むろん反政府勢力による〝実効支配地域〟も同様）だよなあと気づいたりします。

国家権力がいかに強大なものであるか、日々まざまざと見せつけられつつも、一方で、とりあえずその実務を目の前で担っているのは刑務官という単なる小役人《こやくにん》であり、刑務所といえども単なるお役所の一つにすぎないという側面にも気づかされるものです。

私は福岡刑務所にいた期間、ずっと作業拒否を貫きとおし、もちろん懲罰を連発されましたが、べつに殴る蹴るをされるわけではありません。布団と洗面用具だけを残して他は一切取り上げられた独房に丸1ヵ月（法的には最大2ヵ月まで）というのを、間に10日間前後の〝次の懲罰の決定が下されるまでの期間〟を挟みながら繰り返したのですが、したがって懲罰期間中は本来は手元に本や筆記用具もないことになります。そういう状況で1ヵ月近い時間をただ無為に浪費させるのが懲罰です。

私物の本や雑誌を取り上げられ、回覧用の読売新聞も回ってこず、ラジオのスイッチも切られて、とにかく何もない空間で丸々1ヵ月を過ごすのは、もちろんなかなかの苦痛であることは云うまでもありません。

ところが、私は試しに「判決に納得がいかないから再審請求をしたい」と云ってみました。確定判決を受けた者でも、裁判のやり直しを求める権利は法的に保障されていて、法がすべてのお役所の一つでしかない刑務所側は、それを妨害できません。「再審請求をするために弁護士に手紙を書きたい。そのためには筆記用具が要る。また私の事件にはとても複雑な政治的背景があり、いろいろな参考文献がなければ、考えを整理して文面をまとめることもできない」と云うと、まあ本来は刑務作業をやらなければならない時間帯は別ですが、夕方になると私の独房に看守がやってきて、「弁護士に手紙を書くらしいな」と筆記用具を入れてくれました。また、刑務所側が預かっている私の所持品の中から私が指定した、多少なりとも政治的な感じがしないでもない、しかし要は私が退屈しのぎに読みたいと思った本も入れてくれるのです。

そうやって私は〝懲罰〟を骨抜きにしていました。

もちろん、建前上は〝反省〟のための施設なのですから、とくに独房に入れられれば、思索にふける時間はいくらでもあります。それまでの自分の歩みを振り返って〝反省〟するにも絶好の環境です。鈴木宗男氏も獄中体験を経て見違えるように立派な政治家になりましたし、ホリエモンも出所直後の時期は一瞬ちょっとマトモなことを云っていました。

私も、もし獄中で自分の活動歴を総点検し、〝反省〟するあの時間を欠いていたならば、今なおファシズムという〝答え〟に辿り着けていたかどうか、はなはだ疑問ではあり、その意味では私を監獄へと叩き込んでくれた人々には感謝すべきなのかもしれません。

人生に〝取り返しのつかないこと〟などそうあるものでもないし、逮捕歴や服役経験があっても仕事なんかいくらでもあります。どうしても一流企業に就職して定年まで勤めたいと考えているなら話は別ですが、そうでなければ獄中体験の一度や二度、持っておいたほうが物事を深く考える糧《かて》になり、たいていのことには動じなくなって心にもゆとりが生まれます。

とはいえ、いきなりこんな逮捕がどうこう、刑務所がどうこうという話をされても、戸惑ったり、あるいは怖《お》じ気《け》づいて、やっぱり思想だの政治だのに関わるのはやめようと思う読者のほうが多いかもしれません。

しかし、あえて法に触れることを自覚的にやれという話ではないのです。

人生なんて運次第で、とくに非合法的な活動なんぞに踏み込まずとも、運が良ければ何かのきっかけで逮捕してもらえるし、運が悪ければ相手にしてもらえず一生をシャバで暮らすことになります。政治運動に関わろうが関わるまいが、まあ関わるほうがいくぶん可能性は高まるにせよ、日本ぐらいの後進国ともなれば不当逮捕してもらえることは時々ありますから、あまり深刻に考えず、捕まったらラッキーぐらいに構えておけばいいと思います。

本書の読者の中から、いったい幾人の新たな「政治活動」家、「学生運動」家が登場してくれるものやら分かりませんが、そのような人々の前途は洋々としています。

政治運動・革命運動の世界には、（もちろん大半は普通の人ですが）〝奇人・変人〟どころか、とうていこの世のものとは思えないような怪人・魔人の類さえ大量に棲息しています。そういう人たちと身近に接することは驚きの連続ですし、もちろん刺激的である一方で、決まりきった生き方に縛られている自分を省みたり、いざとなればどんなふうにも生きていけるという実例を目の当たりにして、気持ちが軽くなったりもします。斯界《しかい》に長く身を置いていれば、やがてあなた自身がそういう人になってしまうかもしれません。

もちろん、そういう人たちの人生はムチャクチャ充実しています。塀の向こう側へ落ちたり、あるいはどうしても〝敵〟を作ってしまうのが

「政治活動」ですし、孤立したり、非難の集中砲火を浴びたり、時には危険な目に遭うことすらありますが、一方で、新たな同志と出会えた時の喜びや、運動が上昇局面にある時の高揚感は、他の何物にも代えがたいものです。要は〝山あり谷あり〟の波乱の人生の幕が上がるかもしれないということです。

先に言及したジェリー・ルービンの『DO IT!』の中に、「**冒険を抹殺する社会は、その社会自身を抹殺しようという唯一の冒険を生み出す**」という一節があります。現在の日本ほど、この言葉が似つかわしい社会もなかなかないでしょう。周りに合わせて、浮かないよう、目立たないよう、SNSで炎上したりしないよう、〝冒険〟などもってのほか、というメンタリティを小・中・高と培われてきて、多くの若者たちは、今後もそのように生きていくのだと思われます。そんな国に未来はありませんし、実際すでに日本が没落過程にあるのは明白ですが、こんなにも誰も〝冒険〟をしない以上は、高確率で〝悲惨な未来〟も若者たちの〝自己責任〟というものです。政府が悪いのでも、老人たちが悪いのでもありません。

未来のない社会では、そのような社会を根本から覆してしまおうという〝革命〟派の運動の中にしか明るい未来は待っているわけがない、というのは至極当然の道理です。

どうせ多くは〝3年で辞める〟のに、就活なんかに精を出してどうすんだ、と。

外山恒一（とやま・こういち）

1970年生まれ。福岡を拠点とする革命家。80年代後半に「反管理教育」の活動家となるも、いわゆるポリコレの風潮に反発し、孤立無援の〝異端的極左活動家〟として90年代を過ごす。思想的にはマルクス主義、アナキズムを経て、03年に獄中でファシズム転向。07年の東京都知事選に出馬し、過激な政見放送で一躍注目を浴びる。近年は〝右でも左でもないただの過激派〟として独自の活動を続けるかたわら、後進の育成や革命運動史の研究にも力を入れている。著書に『良いテロリストのための教科書』『全共闘以後』など。

政治活動入門

二〇二一年三月一四日　初版発行

著者　外山恒一
発行者　北尾修一
発行所　株式会社百万年書房
〒一五〇-〇〇〇二
東京都渋谷区渋谷三-二六-一七-三〇一
tel 〇八〇-三五七八-三五〇二
http://www.millionyearsbookstore.com
装画　makomo
装丁　木庭貴信＋岩元萌（オクターヴ）
印刷・製本　株式会社シナノ
ISBN978-4-910053-21-9